D1935332

# Das geheimnisvolle Leben der Tiere in Haus und Garten

Autor und Titel der französischen Ausgabe:
Pierre Pellerin/La vie secrète des bêtes dans les jardins et les maisons
Umschlagentwurf: Creativ + Druck GmbH (Ulrich Kolb)

ISBN 3-215-06777-3 (ÖBV)

Seiten 30/31/34/35
Illustrationen: Carl Brenders

# Das geheimnisvolle Leben der Tiere in Haus und Garten

Text: Pierre Pellerin, Klaus Ruge
Zeichnungen: Jim Channel
Federzeichnungen: John Barber

Österreichischer Bundesverlag Wien

# Der Gartenschläfer

Einen Gartenschläfer habe ich nur ein einziges Mal in meinem Garten gefunden. Verschlafen schaute er mich aus seinen großen Augen an, als ich gerade in eine Meisenhöhle schaute. Es heißt zwar, Gartenschläfer lebten hauptsächlich in lichten Laubwäldern, mir aber sind die meisten Gartenschläfer im Schwarzwald und im Schweizer Engadin begegnet, da, wo es fast nur Nadelbäume gibt.

Schläfer verschlafen den Tag. In der Dämmerung erst werden sie munter. Sie haben – wie auch andere Nachttiere – große Augen. Die Tasthaare an der Schnauze und zwischen den Zehen fühlen Hindernisse, selbst wenn der Schläfer wenig sieht.

Wegen ihrer großen Augen und der Gesichtsmaske sind Gartenschläfer die schönsten Schläfer überhaupt. Gartenschläfer lieben tierische Kost. Im Gebirge habe ich schon einige Male erlebt, daß sie Eier oder junge Meisen gefressen haben. Sie fressen aber auch Gehäuseschnecken, Käfer und junge Mäuse. Sie knabbern an Trieben und Knospen der Bäume. Sie fressen Nüsse, Bucheckern und Eicheln. Wenn sie in der Nähe von Obstanlagen wohnen, nagen sie an Birnen, Äpfeln oder Pflaumen. Weil manche Frucht nur angefressen wird, ärgert das zuweilen die Leute. In reinen Waldgebieten, im Schwarzwald oder in den Alpen, nehmen sie mehr tierische Nahrung zu sich als in Tallagen.

70 bis 80 Gramm wiegt ein Gartenschläfer im Sommer. Gegen den Herbst zu setzt er gewaltig Fett an. Fast walzenförmig wirkt sein Körper dann. 210 Gramm wiegt ein dreijähriges Weibchen im Herbst. Mehr als die Hälfte davon dürfte reines Fett gewesen sein. Von diesem Fett zehrt der Gartenschläfer im Winter. Dann geht er nämlich nicht hinaus zum Fressen. Er verschläft die kalte Jahreszeit. Seine Körpertemperatur beträgt nur ungefähr 6 Grad Celsius, und sein Herz schlägt ganz langsam. Man hat den Eindruck, er atmet nicht. Dabei schläft der Gartenschläfer sehr tief. So schafft er es, mit dem angefressenen Fett den ganzen Winter zu überleben, je nach Klima seines Wohngebiets 6 bis 8 Monate lang. Im Winterschlaf liegen die Schläfer zusammengerollt auf der Seite.

Durchschnittslänge: 15 cm (+ Schwanz 9 bis 13 cm).
Gewicht: zwischen 70 und 200 g.
Zeit der Trächtigkeit: 3 Wochen.
Lebensdauer: 4–5 Jahre.

Nachts streifen Gartenschläfer herum und lauern ihrer Beute auf. Die langen Tasthaare an der Schnauze helfen ihnen, den Weg zu finden. Die Ohren sind dann aufgerichtet, bereit, den leisesten Laut aufzunehmen.

Lange Zeit verharrt der Gartenschläfer ruhig. Dann saust er wie der Blitz eine Mauer herunter, verharrt, spricht auf alles an, was um ihn herum geschieht. Im Gras findet er eine Gartenschnecke und läßt sie sich schmecken.

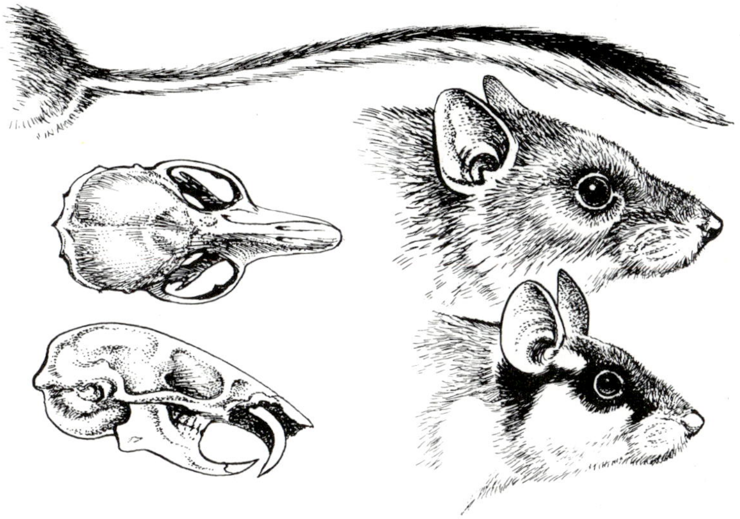

Schädel von Siebenschläfer (oben) und Gartenschläfer (unten). Oben typischer Gartenschläferschwanz mit Endquaste.
Der Schädel hat ein typisches Nagergebiß, die Schneidezähne sind als Nagezähne ausgebildet. Dafür fehlen die Reißzähne, wie sie zum Beispiel bei Katzen und Hunden zu finden sind.
Packt ein Gegner den Schwanz des Gartenschläfers, dann hat er nur die Haut und ein paar Haare im Maul. Die zurückgebliebenen, entblößten Wirbel trocknen ein und fallen später ab.
Gartenschläfer haben eine schöne schwarzrötliche Zeichnung, die nahverwandten Siebenschläfer ein ganz graues Fell.

Im Bereich menschlicher Siedlungen sind Marder die Hauptfeinde der Gartenschläfer. Im Wald fällt mancher Schläfer dem Waldkauz oder dem Habicht zum Opfer.

Mehr als ein halbes Jahr schlafen die Schläfer. Im Herbst fressen sie sich eine Fettschicht an; davon zehren sie im Winterschlaf. Um möglichst wenig Wärme zu verlieren, rollen sie sich zu einer Kugel und legen ihren Schwanz über Bauch und Kopf.

# Der Igel

In der ersten Maiwoche habe ich meinen Gartenigel endlich wieder gesehen. Ich hatte schon Angst, er käme nicht mehr. Immer wieder entdeckte ich auf der Straße überfahrene Igel, und wer weiß, ob ihn nicht eine Ratte im Winterschlaf gefressen oder ob irgendein Nachbar den Reisighaufen im Winter verbrannt hatte, ohne zu wissen, daß ausgerechnet da mein Gartenigel seinen Winterschlaf hielt. Jetzt, da ich weiß, daß er lebt, kann ich aufatmen.

Gartengelände mögen Igel gern, vor allem wenn im Garten nicht allzusehr gefegt wird, wenn sie Blätter zum Wühlen finden und Gebüsche zum Sichverkriechen. Wer einen Igel im Garten hat, der kann das Schneckengift im Schrank lassen, er muß es sogar, denn auch die Igel sterben an dem Gift. Im Wald, im Park, auf Feldern, an vielen Orten habe ich schon Igel angetroffen.

Igel fressen so manches, was ihnen vor die Schnauze kommt, nicht nur Schnecken, die an unsere Erdbeeren wollen, auch Regenwürmer, Asseln, Spinnen und Tausendfüßler. Gelegentlich werden sie auch einen Frosch erbeuten oder ein Nest mit jungen Mäusen. Erwachsene Mäuse aber sind für die gemütlichen Igel viel zu flink. Igel fressen sogar giftige Tiere. Und sie vertilgen Wespen und Hummeln, ohne sich um die Stiche zu kümmern. Aber völlig giftfest sind Igel trotzdem nicht. Igel fressen zwar auch Äpfel, Birnen und Pilze, doch Vegetarier sind sie wohl mehr in Notzeiten. Meinem Igel habe ich manchmal ein rohes Ei gegeben – aufgeschlagen natürlich, das kleine Igelmaul schafft es nicht, ein Hühnerei zu öffnen. Bei kleinen Vogeleiern gelingt ihm das Öffnen wohl. Eine besondere Vorliebe hat mein Igel für Fisch, ob gebraten der geräuchert. Ja sogar sauren Hering schmatzt er mit größtem Appetit. Gelegentlich stelle ich ihm auch eine Schüssel mit verdünnter Milch hin. Die schlürft er gern, obwohl manche Leute meinen, Igel könnten Milch nicht richtig verdauen.

Länge: 22 bis 28 cm (+ Schwanz 3 bis 5 cm).
Gewicht: 1200 bis 1400 g.
Zeit der Trächtigkeit: zwischen 5 und 6 Wochen.
Lebensdauer: 3–7 Jahre.

Will der Igel eine Kreuzotter angreifen, schleicht er erst langsam auf sie zu, dann plötzlich, schneller als man es ihm je zutraut, schießt er auf die Schlange zu und beißt in ihren Körper. Dabei hat er die Stirnhaut vorgezogen und die Kopfstacheln gespreizt. Da die Stacheln des Igels länger sind als die Giftzähne der Otter, kann die Schlange dem Igel ihr Gift nicht einspritzen. Der Igel stößt immer wieder zu, bis er das Rückgrat der Schlange zerbissen hat. Dann verspeist er sie.

Der Igel ist mit Maulwürfen und Spitzmäusen verwandt. Er ist nicht das einzige Säugetier mit Stacheln. Die anderen Stachelträger allerdings gehören zu völlig anderen Tiergruppen: die Stachelschweine in Afrika, die Baumstachler in Südamerika, wo ja auch die merkwürdigen Erdferkel leben. Igel

haben ähnlich gebaute Zähne wie Maulwürfe und Spitzmäuse: keilförmig und spitz, ein richtiges Raubtiergebiß.
Die Abdrücke der Hinterfüße sind länger als die der Vorderfüße.
Das Bauchfell des Igels ist kuschelig weich.

Igel zeigen ein ausgesprochenes Familienleben. Die Mütter kümmern sich mit großer Fürsorge um ihre Jungen.

Während der Führungszeit lernen sie allmählich, welche Gefahren ihnen drohen und was man essen kann.

Die Igelmutter umsorgt sie und wacht darüber, daß sich die Kinder nicht zu weit voneinander entfernen. Sie verständigen sich mit hohen, feinen Lauten. Mit etwa zwei Monaten sind junge Igel so selbständig, daß sie ihre eigenen Wege gehen können. Dann will die Igelmutter nichts mehr von ihren Kindern wissen, sondern vertreibt sie, sobald sie ihnen begegnet.

# Die Singdrossel

Ende Februar, Anfang März, wenn die Singdrosseln zurückkommen, ist manchmal noch richtiger Winter. Und doch freue ich mich jedesmal, wenn die erste Singdrossel hinter unserem Haus am Waldrand zu singen anfängt. Irgendwie ist ihr Gesang wie ein Zeichen des Frühlings. Meistens sitzt die Singdrossel ganz oben in einer Fichte. Tadütatadü, tididi-tididi singt sie. Man kann aus dem Lied der Drossel auch Namen heraus hören: Philipp, Philipp, Brigitte-Brigitte sagt sie. Immer wird das gleiche Motiv einige Male wiederholt.

Den Winter über sind die Singdrosseln in Spanien oder in Nordafrika. Manche bleiben schon in Südfrankreich oder gar noch nördlicher und schlagen sich den Magen dort mit Beeren voll. Sie ernten Mistel- oder Vogelbeeren, was eben noch hängengeblieben ist.

Bei uns zu Hause können die Singdrosseln im Sommer aus dem Vollen schöpfen. Die Wildkirschen im Wald bieten sich an, später dann Waldhimbeeren, Blaubeeren, Brombeeren oder Holunder. Im Frühjahr und Sommer sind Regenwürmer die Hauptnahrung. Doch fressen sie auch Insekten und Schnecken. Zuweilen beginnen Singdrosseln schon ein Nest zu bauen, wenn noch Schnee liegt. Innen wird das Nest mit eingespeicheltem Holzmulm ausgekleidet. Ich habe schon Singdrosselnester gefunden, die so niedrig in einem Busch gebaut waren, daß ich hätte hineingreifen können. Gewiß, den jungen Drosseln hätte das nichts gemacht. Aber ich weiß, daß ich eine Duftspur gelegt, die vielleicht einen Marder zum Nest geleitet hätte.

Ende März legt das Weibchen vier oder fünf schöne grüne Eier mit scharf abgesetzten dunklen Flecken. Während das Weibchen brütet, mag das Männchen noch singen. Wenn aber die Jungen geschlüpft sind, dann hilft auch das Männchen mit. Immer wieder schleppen die Eltern Würmer und anderes Futter herbei. Aus den klitzekleinen Drosselküken, die bei der Geburt nur etwas Flaum am Körper haben und deren Augen noch geschlossen sind, müssen in zwei Wochen richtige Drosseln heranwachsen. Dann nämlich verlassen sie schon das Nest. Richtig fliegen können sie erst etwas später. Meistens brüten die Singdrosseln dann noch ein zweites Mal.

Länge: 21 cm.
Gewicht: 50 bis 90 g.
Spannweite: 35 cm.
Brutdauer: ca. 14 Tage.
Lebensdauer: 13 Jahre.

Wenn die Sonne den Schnee getaut hat und wenn das erste Gras sprießt, wachen auch die Gartenschnecken wieder auf. Da lohnt es sich für die Singdrossel, nach ihnen zu stöbern. Die Drossel ergreift die Schnecke mit dem Schnabel, geht zu einem Stein, einer Schneckenschmiede, und schlägt darauf, so lange bis das Schneckenhaus zerbricht. Dann kann sie ihre Beute verspeisen. Aber nicht nur Schnecken, sondern auch Insektenlarven und Würmer werden von der Singdrossel am Boden erbeutet.

Singdrosseleier sind unverwechselbar. Sie sind relativ groß und tief grünblau gefärbt. Die schwarzen Flecken sehen aus wie Inseln auf einem Globus. Wenn die junge Singdrossel schlüpft, ist sie noch ziemlich nackt und hat geschlossene Augen und Ohren. Aber zwölf bis vierzehn Tage später ist sie schon so weit entwickelt und befiedert, daß sie das Nest verlassen kann.

Im menschlichen Siedlungsbereich kommen Singdrosseln viel seltener vor als ihre Verwandten: die Schwarzdrosseln oder Amseln. Trotzdem sieht man auch gelegentlich eine Singdrossel auf einer Antenne sitzen und hört, wie sie von dort ihren Gesang vorträgt. Typisch für den Singdrosselgesang ist die Wiederholung gleichartiger Motive.

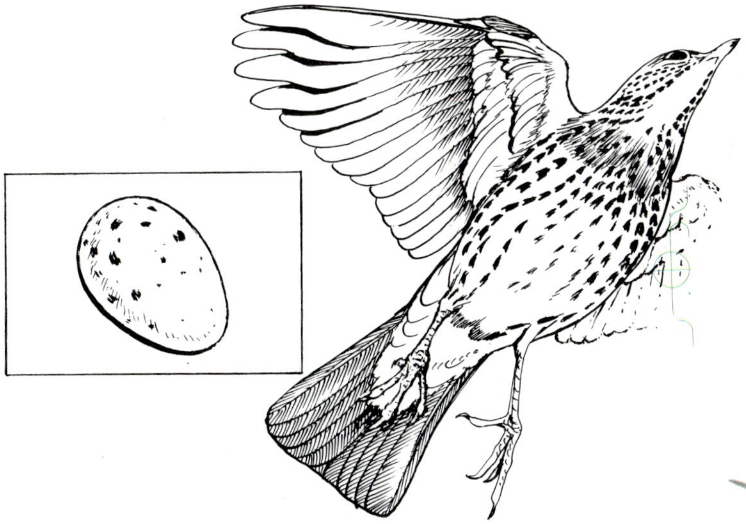

Die Nester der Singdrosseln befinden sich oft in Büschen oder niedrigen Bäumen. Das Nest ist napfförmig. Knapp zwei Wochen dauert es, bis aus den Eiern die Jungen schlüpfen.

# Der Haushund

Babs hat viel Jagdhundblut in seinen Adern. Seinen Besitzern war er zu lieb, zu wenig scharf, und so kam Babs zu mir. Wenn ich mit Babs durch die Felder streife, sehe ich viel mehr als ohne ihn. Wenn Babs einen Hasen oder ein Reh entdeckt, bleibt er stehen, hebt eine Pfote. Er verharrt. Babs sieht den Hasen so wenig wie ich. Er riecht ihn. Wenn Babs Witterung aufnimmt, steckt er die Nase in den Wind und prüft. Für ihn ist der Feldweg, der Baum, die Laterne vor dem Haus viel weniger das Bild, das wir auch sehen. Für ihn sind all das Dinge mit aufregenden Gerüchen. Was er wahrnimmt, sind Geruchsbilder.
Ich kann mir kaum vorstellen, daß Babs' ganz ferne Vorfahren Wölfe gewesen sind. In der Größe steht er einem Wolf nicht viel nach. Doch Wölfe waren einst gefürchtete Raubtiere. Babs dagegen ist voller Hingabe und Zärtlichkeit mir gegenüber. Trotzdem, die Zoologen sind der Überzeugung, daß alle Hunde vom Wolf abstammen, sogar die winzige Handvoll Chihuahua. Wölfe wurden einst nicht nur deshalb bejagt, weil sie Schafe töteten, sondern auch weil sie einen warmen Pelz trugen und weil der Mensch ihr Fleisch essen wollte. Mag sein, daß irgendwann einmal ein junger Wolf gefangen wurde. Vielleicht fanden die Kinder des Jägers ihn so niedlich, daß sie ihn behalten wollten. Da Wölfen angeboren ist, sich in die strenge Ordnung eines Rudels zu fügen, fiel es ihnen auch nicht schwer, sich dem Menschen unterzuordnen. Natürlich, von dem gefangenen Wolf bis zu unserem Haushund ist ein langer Weg. Man kann nicht einfach einen Wolf einfangen und daraus einen Hund machen. 10- oder 15000 Jahre ist es her, daß der Mensch anfing Hunde zu halten.
Menschen haben Hunde zu allem möglichen genutzt. Hunde waren Begleiter bei der Jagd. Sie halfen beim Hüten der Schafe und Rinder. In der Schweiz habe ich noch gesehen, wie Hunde kleine Wagen mit Milchkannen zur Sammelstelle zogen.

Gewicht und Größe: sehr unterschiedlich,
rassenabhängig.
Zeit der Trächtigkeit: 56 bis 63 Tage.
Lebensdauer: 15 bis 16 Jahre
(Rekorde über 20 Jahre).

Wenn irgend jemand in den Garten kommt oder sich dem Hause nähert, spürt ein Hund das schon lange vor uns. Seine Sinne sind schärfer als die unseren. Vor allem kann er viel besser riechen. Er nimmt so etwas wie Riechbilder wahr.

Deutlich gibt er seiner Freude Ausdruck, läuft zur Tür, wedelt mit dem Schwanz, empfängt den Ankommenden freundlich oder legt sich gar auf den Rücken. Er möchte gestreichelt werden.

Was uns das Skelett eines Hundes zeigt: Hunde sind Raubtiere. Deshalb sind ihre Eckzähne und Reißzähne besonders gut ausgebildet. Der langgezogene Kopf unterstreicht die Bedeutung der Nase. Aber auch das Hören ist sehr viel besser entwickelt als beim Menschen. Obwohl Hunde gut sehen können, ist Sehen doch viel weniger wichtig als Riechen.
Der Fuß hat Krallen, die aber nicht wie bei der Katze zurückgezogen werden können.

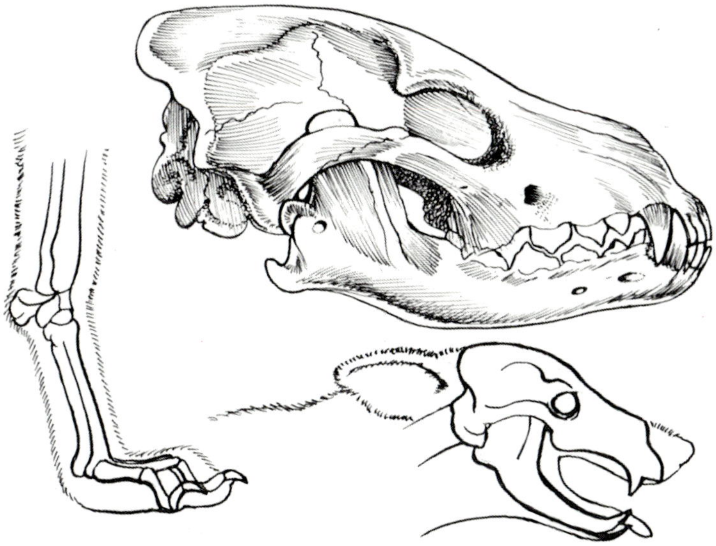

Hündinnen haben manchmal fast ein Dutzend Junge. Mehrmals im Jahr können sie gebären. Oftmals kommt es vor, daß die Mutter mehr Hundekinder bekommt, als sie überhaupt Zitzen hat.

Wenn sich zwei Hunde begegnen, kann man ihre Stimmung sehr gut am Gesichtsausdruck beobachten. Die Hunde auf dem Bild drücken Freude aus. Hunde haben eine besondere Art, miteinander Beziehungen aufzunehmen. Zuerst schauen sie sich an. Noch wissen sie nicht recht, mag ich den anderen oder mag ich ihn nicht. Dann fangen sie an, hintereinander herzulaufen. Die Zeitung (Bild rechts) riecht sehr nach einem anderen Hund.

# Die Gartenameisen

Ich will ehrlich sein, allzu gern habe ich die Gartenameisen nicht bei mir im Garten und noch weniger im Haus. Hin und wieder reichen ihre Ausflüge nämlich bis zu den Zuckertöpfen im Küchenschrank. Wenn erst mal eine ergiebige Nahrungsquelle gefunden wurde, spricht sich das sehr schnell im Volk herum. Meistens finde ich ihre Bauten unter den Wegplatten zum Hauseingang. Die Nester selbst kann ich natürlich nicht sehen. Doch zwischen den Plattenfugen haben die Ameisen kleine Erdhäufchen aufgeschichtet. Auch den Gang nach unten kann ich erkennen. Unter der Erde befinden sich viele Kammern, in denen die Ameisenkinder heranwachsen, Kammern mit Eiern und andere mit Larven und Puppen.

Aber auch im Mangoldbeet und auf unserer Wildblumenwiese fühlen sie sich wohl. Das Nest erkenne ich daran, daß feine Erde um Grashalme herum aufgehäuft wurde. Die Arbeiterinnen haben den Hügel aus kleinen Erdbrocken errichtet. Damit der Bau nicht zusammenfällt, haben sie ihn mit Speichel verkittet. Einem kräftigen Regen kann solch ein Bau trotzen, den Winter aber überdauert er nicht.

Gartenameisen haben noch eine unangenehme Eigenschaft: Sie halten sich Blattläuse. Sie tun das, weil sie die Ausscheidungen der Blattläuse, den süßen Honigtau, so sehr lieben. Sie tragen die Blattläuse sogar zu den Bohnen im Beet.

Zum Spätsommer hin entstehen im Ameisenbau geflügelte Männchen und Weibchen, die zum Hochzeitsflug ausschwärmen.

Bald darauf wirft das Weibchen seine Flügel ab und sucht sich allein ohne Hilfe eine Kammer, um dort Eier zu legen. Die Weibchen können bis zu 15 Jahre alt werden.

Größe: 3 bis 4 mm (Arbeiterin);
nahe 10 mm (Königin).
Lebensdauer: Königin: über 1 Jahr;
Arbeiterin: einige Monate;
Männchen: einige Wochen.

Blattläuse werden von den Gartenameisen freundlich behandelt. Die Ameisen tragen die Läuse auf Rosen, auf Apfelbäume. Dort ernähren sich die Läuse vom Pflanzensaft. Diese Fürsorglichkeit wird den Ameisen belohnt. Die Läuse scheiden nämlich süße Säfte aus. Dieser Zuckersaft wird von den Ameisen aufgesogen und in ihrem „sozialen Magen" gespeichert. Im Ameisenstock verfüttert die Ameise diesen Saft an Larven und Arbeiterinnen. Aber es gibt auch Tiere, die dieses Glück stören. Die schönen Marienkäfer nämlich. Marienkäfer und Marienkäferlarven verzehren ungeheure Mengen von Blattläusen.

Im Ameisenstaat gibt es unterschiedlich gebaute Tiere mit unterschiedlichen Aufgaben: da sind zunächst einmal die Königinnen, die nur Eier legen und von den Arbeiterinnen ernährt werden. Die geflügelten Männchen haben nur eine kurze Lebensdauer. Zu bestimmten Zeiten gehen sie mit den Weibchen auf Hochzeitsflug. Nach dem Flug werfen die Weibchen, die jetzt Königinnen sind, ihre Flügel ab. Hat die Königin ein Ei gelegt, wird das gleich von den Arbeiterinnen in eine besondere, höher gelegene Kammer gebracht. Ein Stockwerk tiefer befinden sich die Larven. Die Puppen liegen am weitesten unten.

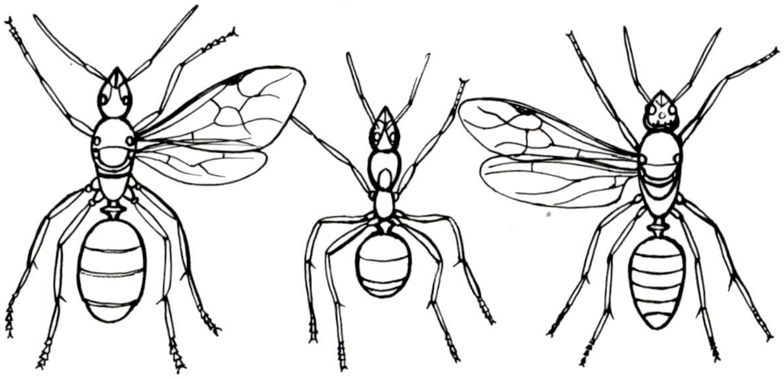

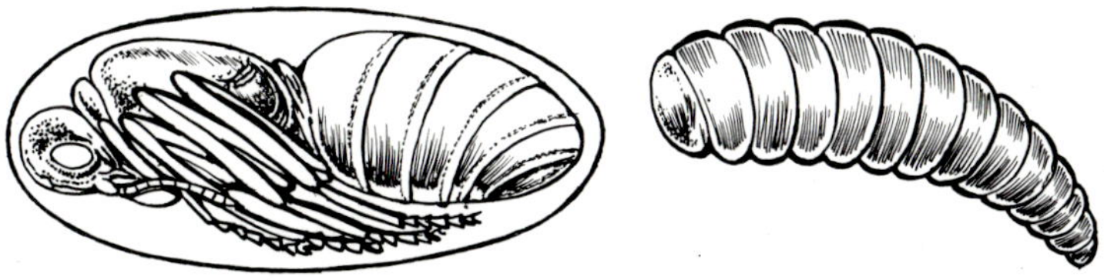

Ameisen haben eine ganze Reihe Feinde. Einige davon sind Vögel. Wendehälse und Grünspechte haben sich geradezu auf Ameisen spezialisiert. Mit ihren langen Leimrutenzungen züngeln sie die Ameisen und Ameisenpuppen auch aus tief gelegenen Gängen und Verstecken.

Das Bild zeigt den unterirdischen Ameisenbau, wo die Arbeiterinnen die Brut füttern und pflegen. Die Arbeiterinnen sorgen für gleichmäßige Temperaturen und wachen darüber, daß kein Fremdling in den Bau eindringt. Die Larven sind je nach Alter auf verschiedene Stockwerke verteilt.

# Die Blaumeise

Zuerst hatte ich mich gewundert, wieso die beiden Blaumeisen immer zu der Laterne vor unserem Haus flogen. Doch dann entdeckte ich das Loch im Laternenpfahl.
Da hinein schlüpften die Meisen, den Schnabel voll mit kleinen Raupen. Als ich mir die Sache etwas näher ansah, hörte ich auch die Jungen piepsen, ja im Dämmerlicht des Laternenpfahls erkannte ich sogar die schwach befiederten Meisenkinder und das weiche Nest.
Blaumeisen polstern ihre Nester innen ganz weich mit Wolle. Teppichwolle suchen sie und bei uns natürlich Haare von den Ponys. Auf dieses weiche Lager legt das Weibchen weißliche Eier mit roten Flecken. Das Brüten übernimmt allein das Weibchen, doch das Männchen bringt dem Weibchen allerlei Leckerbissen. Nach ungefähr zwei Wochen, wenn die Jungen aus den Eiern geschlüpft sind, schleppt das Männchen auch für die Jungen Raupen, Läuse, Fliegen und Mücken herbei.
Blaumeisen sind winzige Vögel. Vom Gewicht her könnte man glatt zwei in einem gewöhnlichen Briefumschlag versenden. Das viele Blau an ihrem Kopf leuchtet fast wie bei einem Tropenvogel.
Wenn die jungen Blaumeisen ihre Nisthöhle verlassen, schlafen sie zunächst im Freien im Gezweig der Bäume. Erst gegen den Herbst zu, wenn es kühler wird, suchen sie sich wieder Schlafhöhlen. Manchmal werden sie von den stärkeren Kohlmeisen vertrieben. Dann müssen sie auf irgendeinen anderen Unterschlupf ausweichen. Eine Blaumeise übernachtete zum Beispiel in dem Rollokasten vor meinem Arbeitszimmer. Da fängt's dann abends, wenn es dunkel wird, zu rumoren an.
Wollen wir, daß bei uns im Garten Blaumeisen brüten, müssen wir Meisenkästen aufhängen, die einen Einschlupf mit 28 Millimeter Durchmesser haben. Da hinein kommen Kohlmeisen nicht, sie sind dafür zu groß.
Manchmal beobachte ich auch, wie Kohlmeisen die kleineren Blaumeisen am Futterplatz wegdrohen mit ausgebreiteten Flügeln. Ich hänge einfach ein paar Futterglocken mehr auf. Übrigens: Ein alter Vogelfreund gab mir einen Tip für preiswertes Vogelfutter. Ein Kilo Rinderfett in einem Topf schmelzen, dahinein ein Kilo Weizenkleie rühren und den fertigen Teig in Blumentöpfe oder in kleine Konservendosen drücken.

Länge: 11,5 cm.
Gewicht: 11 g.
Spannweite: 19–21 cm.
Brutdauer: 14 Tage.
Lebensdauer: 8 Jahre.

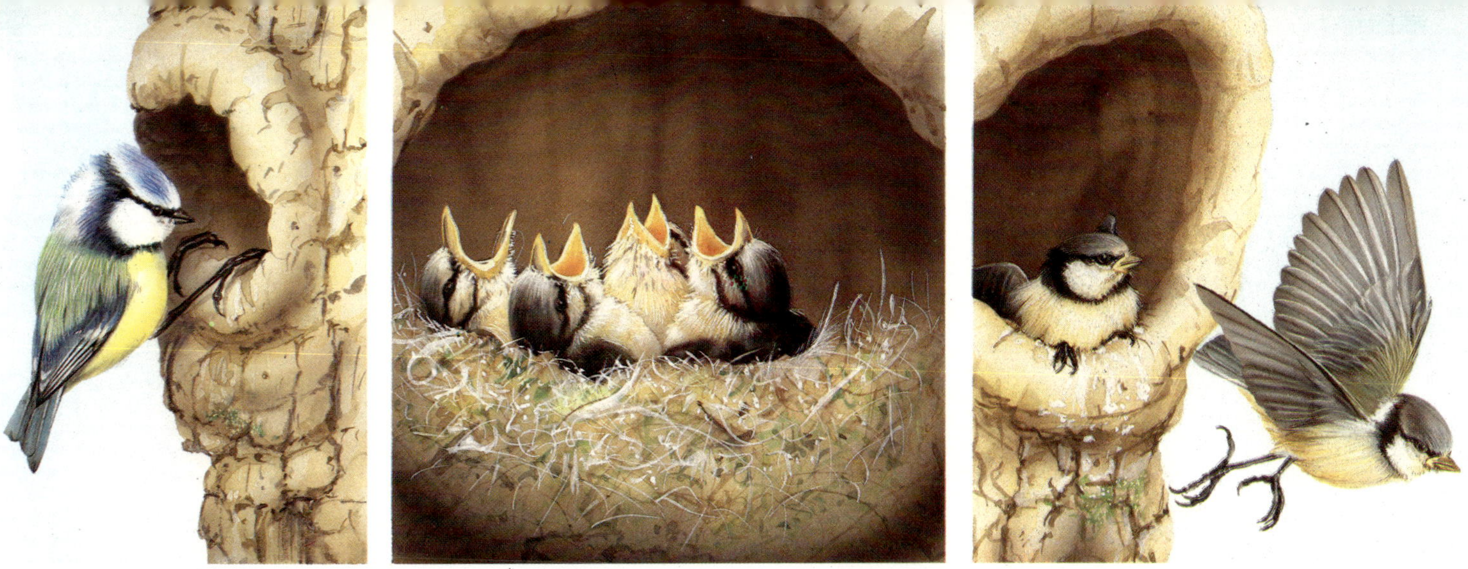

Am liebsten wählen Blaumeisen Baumhöhlen zum Nisten. Ist der Durchmesser des Einflugloches nur 28 mm, dann brauchen sie die Konkurrenz der stärkeren Meisen nicht zu fürchten. Sie können es allerdings nicht so wie die Kleiber machen. Finden Kleiber eine Höhle mit einem zu großen Loch, dann kleben sie es so weit zu, daß es gerade noch für sie paßt. Damit sperren sie zugleich Feinde und andere Höhlenanwärter aus. Die Nester sind aus Moos und innen mit feinen Wollhaaren gepolstert. 8, 10 oder 12 Eier legen die Blaumeisen, weißlich und mit roten Sprenkeln. Nach rund 14 Tagen schlüpfen daraus die Jungen. Unermüdlich werden sie mit Raupen und Läusen gefüttert. Trotzdem vergehen 3 Wochen, ehe die jungen Blaumeisen die Höhle verlassen.

Auch wenn in einer Höhle 10 Junge groß werden, bis zum nächsten Frühjahr bleiben von einem Elternpaar und den Jungen nur noch zwei übrig. Die Natur sorgt dafür, daß sich die Blaumeisen trotz der hohen Jungenzahl nicht ins Unendliche vermehren.

Bei der Geburt sind junge Blaumeisen noch blind, ihre Ohren sind geschlossen; sie haben nur ganz wenige Federn und wirken sehr hilflos. Sie müssen von den Eltern gewärmt und gefüttert werden.

Vor allem im Winter brauchen Meisen sehr energiereiche Nahrung. Erdnußkerne, Walnußkerne, Sonnenblumenkerne und Hanf sind ölhaltig und darum energiereich. Wir sollten das Futter stets an einem trockenen Platz anbieten, möglichst so aufgehängt, daß es nicht vom Kot verschmutzt wird. Mit dem

Kot nämlich könnten Krankheitserreger auf andere Meisen übertragen werden.
In unseren Gärten sind Blaumeisen wichtige Helfer. Sie verzehren Spinnen, Läuse und Raupen.

Im Winter wird die Nahrung knapper. Trotzdem sollten wir nicht zuviel füttern, denn dann kämen die Meisen vor allem an das leicht erreichbare Futter am Futterhaus. Wir aber wollen ja, daß sie die schädlichen Insekten fressen.

# Die Hausspinne

Hausspinnen sind natürlich keine Haustiere, doch leben sie gewiß so lange mit dem Menschen unter einem Dach, wie der Mensch Höhlen oder Häuser bewohnt.
Die natürlichen Lebensstätten der Hausspinnen waren Höhlen und Erdhöhlen, die von Hasen, Füchsen oder anderen Tieren gegraben wurden.
Zugegeben, allzu viele Spinnen im Zimmer sind mir auch lästig, zumal die Hausspinnengewebe oft staubig und schmutzig aussehen. Das hängt mit der Sparsamkeit der Hausspinnen zusammen. Sie bauen immer erst dann ein neues Netz, wenn das alte überhaupt nichts mehr taugt. Oftmals ist die Nahrung nicht allzu üppig vorhanden und spinnen bedeutet Kräfteverschleiß.
Mir sind die Spinnennetze im Stall und Schuppen lieber. Wenn die Spinnen dort Fliegen oder Mücken fangen, soll mir das nur recht sein.
Die Netze sind einfache, aber dicht gewebte Teppiche, oft in Ecken oder Winkeln. An der Wand führt das Netz in eine Röhre, wo sich die Spinne versteckt. Im Netzbereich verirrt sich die Spinne nie. Die Spannung der Fäden, die zur Röhre hin stärker ist, hilft ihr, sich zurechtzufinden.
Hausspinnen werden mehrere Jahre alt, die Winkelspinne sogar sieben Jahre. Sie alle zählen zu den Trichterspinnen. Sie heißen so, weil ihre Netze wie Trichter gesponnen sind. Es gibt übrigens vier Trichterspinnenarten in unseren Häusern. Sie sind aber schwer zu unterscheiden.
10 000 Spinnenarten gibt es auf der ganzen Welt. Rund 800 Arten kommen bei uns vor. Im Umkreis eines Sonntagsausflugs könnte man in Norddeutschland an die 150 Spinnenarten zählen. Weiter im Süden oder Südosten wären es schon einige mehr, nämlich rund 200. Wer einmal im Sommer die trockenen Blätter am Boden eines Buchenwaldes anschaut, wird erstaunt sein, wie viele Spinnen dort leben. Auch an Baumstämmen finden Spinnen viele Unterschlupfe. Da wundert es uns nicht, zu hören, daß Spinnen für manche Vögel eine wichtige Nahrung sind.

Größe: Männchen: 11 mm; Weibchen: 19 mm.
Ausgestreckte Beine: 6 cm.
Lebensdauer: 3 Jahre.

Die Hausspinne ist stets wachsam. In ihrer Röhre wartet sie, was in ihrem Fangnetz geschieht. Bei der geringsten Erschütterung schon wird sie unruhig. Eine Fliege hat sich im Netz verfangen; sofort eilt die Spinne herbei. Sie beißt ihr Opfer und spritzt ihm Gift ein. Dann beginnt sie ihre Beute zu umspinnen. Die Beute wird nicht sofort verzehrt, sondern in einer Ecke des Netzes aufbewahrt.

Das Bild zeigt den Vorderteil des Kopfes, dort befinden sich die Zangen. Sie stehen mit der Giftdrüse in Verbindung. Hausspinnen haben außerdem beinähnliche Pedipalpen (früher nannte man sie Taster) und lange, gegliederte Beine. Für das kleinere Männchen ist es ein Wagnis, das größere Weibchen zur Hochzeit aufzusuchen. Sofort nach der Begattung muß es entfliehen, um nicht als Beute verspeist zu werden. Das Weibchen legt die Eier, verhüllt sie in einen Kokon und bringt sie an einem sicheren Platz ihres Netzes unter.

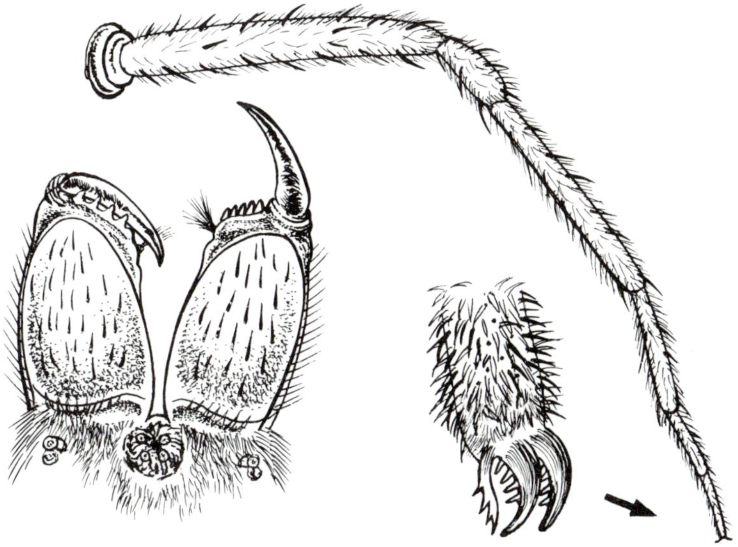

Hausspinnen sind sehr sparsam. Ihr Netz erneuern sie erst, wenn es verstaubt, verschmutzt und damit unbrauchbar geworden ist. Ihren Schlupfwinkel verlassen sie nur, wenn sich Beute im Netz verfangen hat, wenn sich ein Männchen nähert oder wenn sie ihren Kokon mit den Eiballen verstecken wollen.

# Die Ratte

Mitten durch unseren Garten fließt ein Bach. Darum besuchen uns auch immer wieder einmal Ratten. Wasserratten sind es, Kanalratten. Die Zoologen nennen sie Wanderratten. Die Wanderratten halten sich gern in Wassernähe auf. Nach Europa sind sie vermutlich während des Mittelalters gekommen. Schon im Jahre 1755 gelangten sie mit Schiffen nach Nordamerika. Bald waren sie in allen Hafenstädten der Welt zu finden. Offenbar können die Wasserratten gar nicht längere Zeit ohne Wasser auskommen. Eine Wasserratte frißt nicht, wenn sie keine wasserhaltige Nahrung oder kein Wasser findet. Ihr gelingt es sogar, Fische zu fangen. Wanderratten haben eine besondere Verhaltensweise, das Suchgreifen. Dabei seiht die Ratte mit den Händen das Wasser, um eßbare Brocken herauszuholen. Wanderratten sind etwas größer als die einheimischen Hausratten. Sie haben ein bräunliches und kein graues Fell. Die Hausratten werden auch Dachratten genannt, weil sie die oberen Bereiche der Häuser bewohnen. Hausratten sind bei uns übrigens so selten geworden, daß die Zoologen schon überlegt haben, ob sie nicht geschützt werden sollten. Aber sie haben es schwer, anderen Menschen das klar zu machen, denn viele Menschen hassen Ratten wie die Pest.
Pest.
Die schlimmste Krankheit, die Pest nämlich, die heute kaum noch Bedeutung hat, wurde von den Ratten indirekt durch den Pestfloh verbreitet. Er saugte sowohl an den Ratten als auch an den Menschen Blut. Dabei wurden die Pesterreger übertragen. Die Pest, der schwarze Tod, brachte mehr Menschen um als unsere Weltkriege. Auf diese Weise haben Hausratten sogar die menschliche Geschichte beeinflußt.
Doch wir sollten gerecht sein. Gerade diese Säugetiere haben der menschlichen Gesundheitsfürsorge unermeßlichen Nutzen gebracht. Kaum eine Tierart mußte für den Menschen im Versuchslabor soviel leiden wie die Wanderratte, weil Wanderratten sich schnell vermehren, weil sie sich leicht züchten lassen und eine handliche Größe haben.

Durchschnittslänge: 20 cm (+ Schwanz durchschnittlich 20 cm).
Gewicht: 140 bis 240 g.
Trächtigkeit: 21 Tage.
Lebensdauer: 4 bis 5 Jahre.

Wenn die Rattenweibchen brünstig sind, werden sie mehrere Male begattet. Nach ungefähr einem Monat werden die jungen Ratten geboren. Dann ist ihr Fell noch sehr kurz. Sie wirken fast nackt. Die Augen sind verschlossen, die Ohren ebenfalls. Mit 19 Tagen öffnen sich die Augen, und schon mit 45 Tagen sind die jungen Ratten geschlechtsreif. Ratten können bis zu siebenmal im Jahr Junge bekommen, jeweils vier bis acht auf einmal.

Wanderratte oben, Hausratte unten. Die Wanderratte hat kleinere Ohren und kürzere Tasthaare an der Schnauze. Ihr Kopf ist mehr abgerundet als bei der Hausratte.

Damit die Nagezähne immer die richtige Länge haben, müssen sie ständig gebraucht werden.
Aus den abgebildeten Fährten kann man die typische Zehenhaltung gut erkennen.

Wanderratten leben mehr in den Kellern und haben eine Vorliebe für das Wasser. Ihr Fell ist meistens bräunlich gefärbt. Die stärkeren Wanderratten haben die Hausratten weitgehend verdrängt. Hausratten sind besonders gute Kletterer. Sie bevorzugen die oberen Bereiche der Häuser. Oft sind sie auch in Scheunen zu Hause. Meistens haben Hausratten ein dunkleres Fell als Wanderratten.

# Die Haustaube

Manchmal besuchen mich die Tauben unseres Nachbarn. Sie setzen sich aufs Dach, rucksen und gurren. Der Tauber dreht sich, verbeugt sich, bläst den Hals auf und ruft. Männchen und Weibchen kraulen sich gegenseitig am Kopf, und die Täubin läßt sich von ihrem Mann füttern. Mein Nachbar züchtet Brieftauben. Sie sehen der Ahnform unserer Haustauben, den Felsentauben, recht ähnlich. Im Laufe der Haustierwerdung wurden von den Tauben nicht nur alle erdenklichen Farbschläge herausgezüchtet. Es entstanden auch ganz unterschiedliche Formen. Neben den schnittigen Brieftauben gibts Kröpfer, Pfauentauben, Perückentauben, Roller und viele mehr, rund 150 verschiedene Rassen. Brieftauben sollen Höchstgeschwindigkeiten von 185 Stundenkilometer erreichen.

Tauben zählen heute zu den häufigsten Haustieren. Vor über 5000 Jahren nahm sie der Mensch in seine Obhut. Schon vor der christlichen Zeitrechnung haben Brieftauben Botschaften überbracht. Im Tempel von Jerusalem wurden viele tausend Tauben geopfert. Heute gibt es sogar Rassen, die gar nicht fliegen können. Sie werden schwerer als 800 Gramm und werden als Schlachttauben gehalten.

Felsentauben leben heute noch auf Inseln und an Meeresküsten des Mittelmeerraums, aber auch in England. Ihre Nester bauen sie in Felsspalten, in Höhlen und Grotten. In England haben sie sogar in Kaninchenhöhlen gebrütet.

Die verwilderten Haustauben in unseren Städten und Anlagen bauen ihre Nester in Kirchen, auf Brücken, Gesimsen, in Mauerlöchern. Taubennester sind nicht so kunstvoll wie die Nester der Blaumeise oder der Singdrossel. Sie bestehen aus ein paar Halmen, Federn, Stroh oder gar aus Papier.

Länge: 30 cm.
Gewicht: 300 bis 500 g (800 g).
Flügelweite: 60 cm.
Brutzeit: 18 Tage.
Lebensdauer: 6 Jahre.

Haustauben sind sehr zärtlich zueinander. Im Alter von sechs Monaten werden sie erwachsen. Männchen und Weibchen kraulen sich gegenseitig. Sie umkreisen sich, verbeugen sich voreinander.
Die Eier der Haustaube sind weiß. Fast immer besteht das Gelege aus zwei Eiern. Bebrütet werden sie von Männchen und Weibchen, ungefähr zweieinhalb Wochen lang. Die frisch geschlüpften Tauben haben wenige gelbliche Daunen und werden von Männchen und Weibchen mit Kropfmilch gefüttert. Später erhalten sie ein Gemisch aus verschiedenen Sämereien, das im Kropf der Eltern aufgeweicht wurde.

Auf der Zeichnung kann man gut erkennen, wie die Federn im Flügel stehen. Die äußeren Federn nennt man die Handschwingen, die inneren sind die Armschwingen. Damit ein Vogel stets gut fliegen kann, müssen die Federn sorgfältig gepflegt werden. Aber auch bei der besten Pflege nutzen sie ab, darum werden Federn in bestimmten Abständen gemausert.

Tauben sind gute Flieger. Eine gute Taube kann 185 km/h erreichen. Der schnelle und ausdauernde Flug der wilden Felsentauben hat es dem Menschen schon früh angetan. Das veranlaßte ihn dazu, schon vor Tausenden von Jahren, Tauben als Brieftauben zum Übermitteln von Nachrichten zu benutzen, lange bevor es Telegraphie oder Flugzeug gab.

Unsere Haustauben stammen zwar von der wilden Felstaube ab. Sie sind aber doch zu richtigen Haustieren geworden. Sie brüten nicht mehr auf Felsgesimsen, sondern bevorzugen Taubenhäuser.
Sobald das Haustaubenweibchen einen Nistplatz ausgewählt hat, beginnt es mit der Eiablage. Haustauben können sogar im Winter Eier legen, und wenn das Wetter nicht allzu ungünstig ist, dann schlüpfen aus den Eiern sogar Junge. Auch unsere Stadttauben fangen schon im Winter mit dem Brüten an. Sind die Bedingungen günstig, können sie 8mal im Jahr brüten.

# Der Goldfisch

Früher, als ich unseren Gartenteich noch nicht zum Libellentümpel erklärt hatte, habe ich dort immer Goldfische gehalten. Ihnen machte es nichts aus, wenn das Wasser im Sommer warm wurde, wenn gelegentlich der Sauerstoff knapper wurde. Einmal im Winter, als mich der Frost überraschte, sind meine Goldfische sogar im Eis eingefroren und haben trotzdem noch gelebt.

Mögen Goldfische noch so robust sein, wir sollten sie nicht gerade in ein Marmeladeglas sperren, und auch die etwas größeren Rundgefäße, so schön die Fische darin auch aussehen, sind allzu kleine Gefängnisse. Soll sich unser Haustier Goldfisch wohlfühlen, dann braucht es schon ein Aquarium von 50 cm Länge. Größere hat er natürlich noch lieber. Auf den Boden streuen wir Sand und Kies. Wenn wir außerdem ein paar Wasserpflanzen hineinsetzen, haben wir und der Goldfisch noch mehr Freude.

Wie groß ein Goldfisch wird, hängt von seinem Lebensraum ab. Ein 15jähriger Goldfisch, der in einem Stubenaquarium wohnte, wurde nur 25 Zentimeter lang. In Teichen werden sie viel größer.

Goldfische können ein hohes Alter erreichen. In Europa haben es Goldfische schon auf dreißig Jahre gebracht, in China sind manche schon vierzig geworden.

Normalgröße: 10 cm.
Lebensdauer: 10 Jahre, manchmal sogar auch älter
(bekannter Ausnahmerekord: 40 Jahre).

Goldfische sind Verwandte des Karpfens. Sie sind robust und widerstandsfähig. Darum sind sie nicht nur als Aquariumfische geeignet, sondern können auch in Teichen leben. In Gartenteichen verzehren Goldfische die Larven der Stechmücken und suchen die Wasseroberfläche nach Insekten ab. Wenn sie am Boden Nahrung suchen, ist der Körper meistens schräg gestellt.

Goldfische sind untereinander umgängliche Tiere, obwohl auch sie miteinander rivalisieren. In der Nähe einer ergiebigen Nahrungsquelle kann man manchmal beobachten, wie der stärkere Fisch gegen den schwächeren einen Scheinangriff unternimmt.

Ein Goldfisch frißt nicht nur tierische Nahrung, sondern auch Pflanzen. Sein großes Maul erlaubt es ihm, auch dicke Brocken aufzunehmen. Sein Schwanz ist schwach gegabelt. Meistens schwimmt er ziemlich ruhig. Vielleicht ist es diese Beschaulichkeit, die ihn so alt werden läßt.

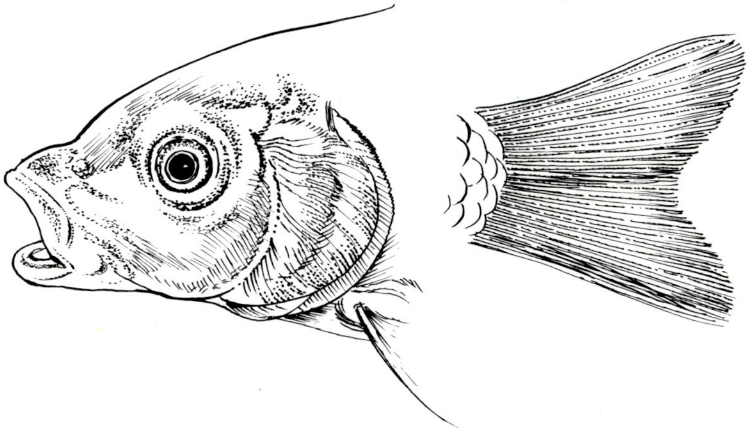

Goldfische sind zwar sehr anspruchslos, aber in kleinen runden Gefäßen fühlen sie sich nicht wohl. Rechteckige Aquarien von mindestens 60 cm Länge sind besser geeignet. Die Aquarien sollten zu ungefähr zwei Drittel mit Wasser gefüllt sein. Am liebsten haben sie eine Temperatur von etwa 15° C; auf keinen Fall sollte die Temperatur auf mehr als 25° C ansteigen. Mit besonders zusammengestelltem Fertigfutter kann man seine Goldfische ausreichend ernähren.

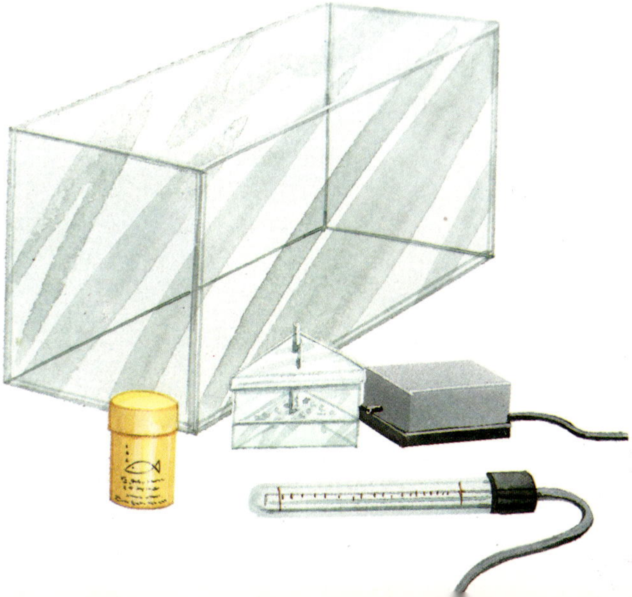

# Der Ohrwurm

Ohrwürmer haben es in meinem Garten gut. Ich hänge sogar Ohrwurm-Wohnungen in meinen Obstbäumen auf. Ich fülle Blumentöpfe mit Holzwolle, befestige Maschendraht darüber und hänge sie schließlich mit der Öffnung nach unten auf. Ich habe schon über hundert Ohrwürmer in solchen Wohnungen gezählt.
Ganz ohne eigennützige Gedanken hänge ich die Ohrwurm-Wohnungen nicht auf. Die Ohrwürmer haben es nämlich besonders auf die vielen Blattläuse abgesehen, und die mag ich gerade nicht, jedenfalls nicht an meinen Bohnen. Nachts gehen die Ohrwürmer auf Jagd. Mit ihren Zangen packen sie nicht nur Läuse, sondern auch Fliegen und kleine Raupen. Über den Rücken hinweg reichen sie die Läuse zu ihrem Mund.
Natürlich verspritze ich kein Gift in meinem Garten. Dabei brächte ich ja nicht nur die Läuse um, sondern auch meine Helfer. Die Bezeichnung Ohrwurm oder Ohrenkneifer klingt so, als wären die kleinen Insekten gefährlich, als krabbelten sie in unsere Ohren. Sie tun's nicht. Sie sind ganz harmlos. Manche Leute meinen auch, sie hießen so, weil die beiden Zangen am Hinterleib ein Öhr bildeten. Sie sagen, richtig müßten sie dann auch Öhrwurm und nicht Ohrwurm heißen. Bei uns gibt es übrigens mehrere Ohrwurmarten. Die häufigste ist der Gemeine Ohrwurm.
Tagsüber wenn sie schlafen, können wir im Sommer die Ohrwürmer dutzendweise in ihren Verstecken finden. Gegen den Herbst werden sie zu Einzelgängern. Zieht ein Weibchen mit jemand anderem zusammen in eine Erdhöhle, dann nur mit einem Männchen. Wird im Februar der Boden von der Sonne einmal richtig durchwärmt, gräbt das Weibchen schräg in die Erde eine Brutröhre, etwa 5–8 Zentimeter lang. Dort legt es bis zu 80 Eier, die es mit größtem Eifer leckt und bewacht. Jeder Feind wird energisch angegriffen. Werden Eier von Pilzen befallen, frißt das Weibchen sie auf. Schließlich stirbt es und wird von den Larven gefressen. Sind die Larven größer, gehen sie in Nestnähe auf Jagd. Im Juli endlich sind sie erwachsen und schließen sich mit anderen zu Schlafgesellschaften zusammen.

Größe: 14 bis 23 mm.
Lebensdauer: Larve: 3 Monate;
Erwachsenes Tier: 9 Monate.

Das Ohrwurmweibchen legt seine elfenbeinfarbigen Eier in kleine, selbstgegrabene Erdgänge. Das Gelege besteht aus 40 oder 50 Eiern und wird vom Weibchen behütet und bewacht. Sind die Jungen geschlüpft, werden die Geschwister, die sich zu weit entfernen, zurückgeholt. Wenn die Mutter stirbt, werden ihre Überreste von den Kindern verzehrt.

Seine rundlichen Flügel entfaltet der gemeine Ohrwurm selten. Man hat den Eindruck, das Zusammenfalten der Flügel ist gerade so schwierig wie das Zusammenfalten eines Fallschirms. Die hinteren Körperanhänge, die Zangen, sind beim Männchen stärker gebogen (oben), sie ähneln einer Pinzette zum Durchstechen der Ohrläppchen wie sie Juweliere benutzen.

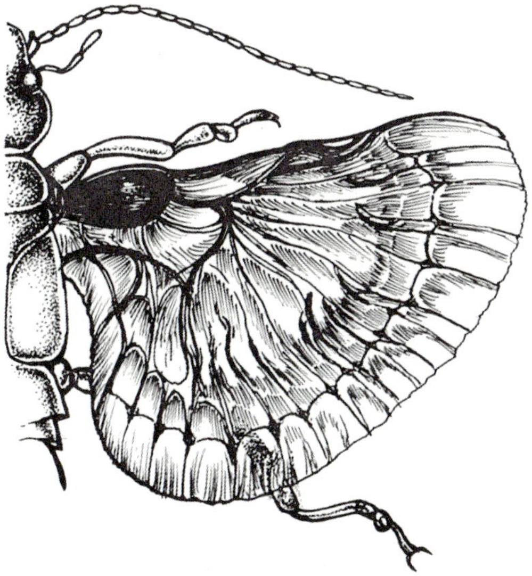

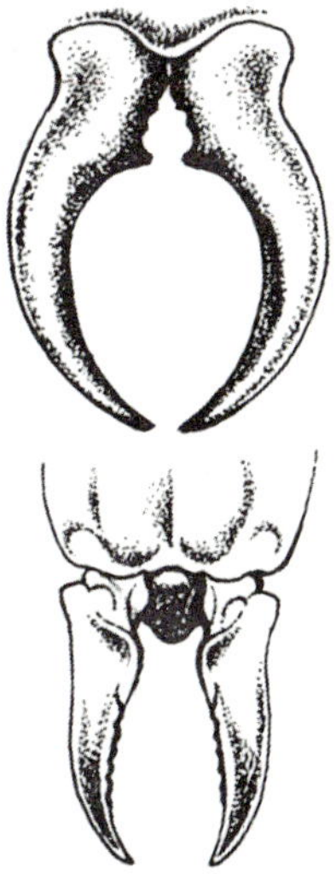

Nach der letzten Häutung sind die Ohrwürmer geschlechtsreif. Die Weibchen paaren sich, bald mit diesem, bald mit jenem Männchen. Bevor der Winter eintritt, verlassen sie ihre Sommerquartiere und gehen einzeln oder auch paarweise in Verstecke am Boden.

Im Herbst finden wir Ohrwürmer gelegentlich auf Fallobst. Manchmal klettern sie auch in Wurmgänge hinein.

# Der Schwalbenschwanz

Viele Jahre lang habe ich vergeblich versucht, bei uns am Steinbruch oder am Neckarufer einen Schwalbenschwanz zu sehen. Wilde Möhren hatte ich dort gefunden. Meine Großmutter hatte noch erzählt, daß sie sogar im Gemüsegarten am Kraut der Möhren immer wieder die Raupen vom Schwalbenschwanz gefunden hatte. Die Falter kamen in den Garten, um dort ihre Eier zu legen. Die Gärtner haben wenn sie die Möhrenfliegen töten wollten, die Raupen des Schwalbenschwanzes mit umgebracht.
Beim Schwalbenschwanz überwintern die Puppen. Im Mai sprengt der Falter seine Hülle und fliegt über Wiesen. In dieser Zeit saugt er Nektar. Den findet er, wo Blumen blühen. Heute aber blühen nicht mehr auf jeder Wiese Blumen. Oft müssen die Männchen weit fliegen, ehe sie ein Weibchen finden. Einzeln legt das Weibchen die Eier an wilde Möhren, die ja meistens auf etwas trockenen Böden gedeihen, zum Beispiel am Rande von Sandgruben. Aus dem Ei kriecht eine winzige Raupe, die sich dann am Möhrenkraut dick frißt.
Die Raupe wird zur Puppe, und schon im Juli schlüpft die zweite Faltergeneration. Wieder legen die Weibchen Eier. Noch vor dem Herbst verpuppt sich die Raupe an einem Möhrenstengel. Mag es noch so stürmen, mag es regnen, frieren oder schneien, den Falter ficht das nicht an.
Ein wenig können auch wir mithelfen, daß Schwalbenschwänze bei uns wieder leben können. Vielleicht können wir in einem Teil des Gartens den Rasen nur ein- oder zweimal mähen. Dann gedeihen da auch die Blütenpflanzen, an denen die Falter Nektar saugen. Und vielleicht können wir auch überlegen, ob wir die „Pflanzenschutzmittel" wirklich so dringend brauchen. Die Möhrenfliegen können wir nämlich auch durch Zwiebeln vertreiben, die wir im Möhrenbeet pflanzen.

Größe: 34 bis 35 mm.
Spannweite: 50 bis 70 mm.
Lebensdauer: 15 Tage als Falter
(Gesamte Lebensdauer: 4 bis 7 Monate).

Beim Paarungsflug des männlichen und weiblichen Schwalbenschwanzes scheint es so, als blieben beide Schmetterlinge in der Luft stehen.
Das Weibchen legt auf den Blättern von Möhren, wilden Möhren, auf Gartenkümmel oder Fenchel seine Eier. Wenn die kleinen Raupen schlüpfen, sind sie zuerst dunkelbraun. Später werden die kleinen Raupen heller und bekommen rote Haare. Schließlich werden die Raupen hellgrün und haben schwarze Ringe an den einzelnen Segmenten. Zum Verpuppen befestigen sich die Raupen an Halmen. Bei der Sommergeneration dauert die Puppenruhe zwei Wochen. Die schlüpfenden Falter legen nochmals Eier. Die Raupen wachsen heran und müssen dann den Winter über als Puppe frei an einem Halm verbringen. Wo allerdings sämtliche Halme gemäht werden, haben Schwalbenschwänze keine Möglichkeit zu überleben.

Erst das Mikroskop gibt uns die Möglichkeit, Einzelheiten des Körperbaus des Schwalbenschwanzes und anderer kleiner Tiere genauer zu sehen. Erstaunlich ist zum Beispiel, wie der Rüssel aufgerollt ist. Wunderbar erscheint es uns, wie die Beine aus einzelnen Segmenten zusammengesetzt sind.

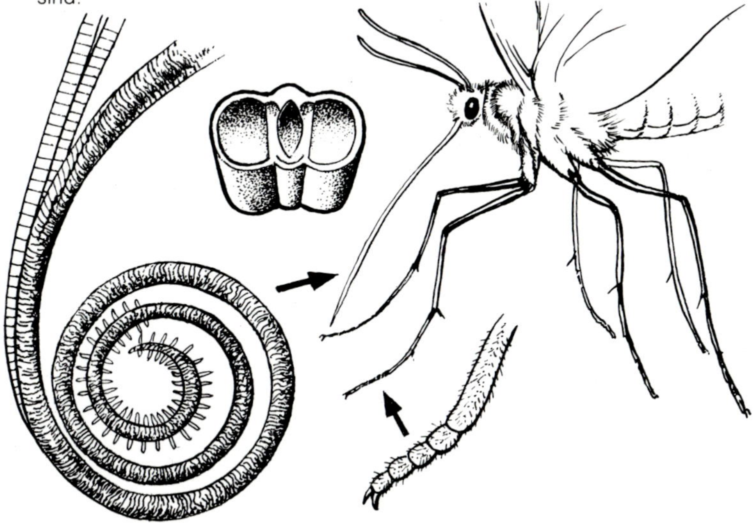

Es ist erstaunlich, daß aus einer Raupe ein so schöner Schmetterling werden kann. Noch viel weniger vermuten wir den Schmetterling in der unscheinbaren Puppenhülle. Es lohnt schon, einen Wegrand nicht zu mähen, damit die Schwalbenschwanzraupe Nahrung findet.

Die Raupen des Schwalbenschwanzes haben manche Feinde. So fressen zum Beispiel Larven von Schlupfwespen die Raupen von innen auf. Auch Vögel verzehren Schwalbenschwanzraupen, zum Beispiel der Neuntöter.

# Die Saatkrähe

Im Herbst und Winter kommen die Saatkrähen zu mir bis in den Garten. Sogar auf dem Balkon sitzen sie zuweilen und schauen, ob es nicht irgendetwas Freßbares gibt. Doch all die vielen 1000 Winterkrähen brüten nicht bei uns. Die Weite des Ostens, Rußland und Polen, ist ihre Brutheimat. Dort sind die Winter so streng, dort liegt so viel Schnee, daß Saatkrähen kein Futter finden. Deshalb kommen sie im Oktober zu uns oder ziehen noch weiter nach Frankreich.

Gehe ich im Winter auf den Feldern spazieren, sehe ich sie auf den Wiesen nach Nahrung stochern. Würmer, Schnecken, alles, was vor ihren Schnabel kommt, verputzen sie.

Pflügt ein Bauer seinen Acker oder streut ein anderer Mist, dann sind sie gleich zur Stelle und schauen nach Freßbarem. 50, 100 manchmal sogar 200 Saatkrähen habe ich in den Trupps gezählt.

Abends sammeln sich dann all die verstreuten Krähengesellschaften. Manchmal sind auf solchen Sammelplätzen 1000 oder gar 10 000 schwarze Vögel. Wenn es richtig dunkel geworden ist, fliegen sie zu den Schlafplätzen.

Zur Brutzeit finden wir bei uns nicht überall Saatkrähen. Wo sie sich aber niedergelassen haben, sind sie nicht zu übersehen und weniger noch zu überhören. Saatkrähen brüten nämlich in Kolonien. Da sie draußen in Wald und Feld oftmals – obwohl es verboten ist – verfolgt wurden, haben sich manche Brutkolonien in geschützte Bereiche zurückgezogen, in Parkanlagen, auf Friedhöfe oder in Baumgruppen am Rande von Städten.

Das Leben im Schwarm hat für die Saatkrähen manche Vorteile. Viele Krähenaugen erspähen einen Feind schneller als eine einzelne Krähe. Hat eine Krähe eine besonders gute Futterstelle gefunden, macht sie auch die anderen Krähen darauf aufmerksam.

Länge: 43–45 cm
Gewicht: 400–500 g
Spannweite: etwa 90 cm
Lebenszeit in der Natur: 10 oder 11 Jahre
(max. 20 Jahre)

Im März, wenn die Tage länger werden, erreicht die Balz, das Paarungsspiel der Saatkrähen, ihren Höhepunkt. Sogar Krähen, die schon lange miteinander leben, balzen noch. Zuweilen sieht man, wie sie die Flügel spreizen, den Schwanz fächern und sich kauern. Weibchen tun manchmal so, als wären sie Krähenkinder und betteln. Die Männchen füttern ihre Weibchen oder deuten Füttern an.

Alte Saatkrähen sind an dem nackten, hell leuchtenden Schnabelgrund leicht zu erkennen. Junge Saatkrähen haben noch einen völlig befiederten Schnabelgrund. Der Kopf hat dann Ähnlichkeit mit dem einer Rabenkrähe. Rabenkrähen haben auch (Abbildung unten links) einen viel kräftigeren Schnabel als Saatkrähen.

Abbildungen von links nach rechts:
Junge Saatkrähe, Saatkrähe im Alter von etwa 8 Monaten, beginnende Mau-

ser der Schnabelfedern, alte Saatkrähe. Unten: Rabenkrähe, lebt nicht in Schwärmen; Saatkrähe mit den typischen behosten Beinen.
Saatkrähen sind Koloniebrüter. Dutzende, Hunderte, ja manchmal Tausende bauen ihre Nester nah beieinander. Am Rande von Auwäldern, in kleinen Hangwäldern oder Baumgruppen lassen sie sich nieder. Solange die Bäume noch keine Blätter haben, kann man die großen runden Nester schon von weitem sehen.

Manchmal sind in einem einzigen Baum viele Dutzend Nester dicht beieinander. Die Nester bestehen aus Zweigen und Knüppeln und sind im Untergrund mit Erde verkittet. Mitte März bis Ende April werden die 3–5 graugrünen Eier mit den grauen und braunen Flecken gelegt. Das Weibchen brütet 16–20 Tage lang.

# Der Weißstorch

Fast 20 Jahre lang haben wir einen Weißstorch gepflegt. Von den Eltern war er als ganz kleines Junges aus dem Nest geworfen worden. Irgend jemand brachte ihn dann zu uns, und wir haben ihn mit Fleisch, Küken und Heuschrecken gepäppelt. Storchi hat sogar ein Nest gebaut. Dicke Zweige hat er im Garten zusammengesammelt und zweimal hatte Storchi ein Männchen. Vier große weiße Eier hat Storchi gelegt, aber beide Male schlüpften keine Jungen.
Früher, vor 30, 40 Jahren sah man überall in den Flußniederungen Störche. Überall gab es auch Wiesen, meistens sogar feuchte Wiesen. Von Fröschen wimmelte es da nur so. Der Weißstorch hatte immer genügend Frösche zu essen. Nebenbei ergänzte er seinen Speisezettel. Er fing Mäuse, suchte Heuschrecken, nahm auch dann und wann ein Ei oder einen jungen Vogel. Wenn er kleine Junge im Nest hatte, suchte er große Mengen Regenwürmer.
Wiesen sind heute über weite Flächen zu Ackerland, nicht selten sogar zu Bauland geworden. Darum finden Weißstörche bei uns zu wenig Nahrung. Sie können nicht mehr genug Junge aufziehen und sterben bei uns allmählich aus. In Westdeutschland leben heute gerade noch ein paar hundert Weißstörche. Hinzu kommt, daß Weißstörche im Winterquartier mit den Heuschrecken auch Gift fressen, so viel, daß manche gleich sterben, viel mehr aber daran leiden.
Störche zu züchten und auszusetzen hat keinen Sinn, wenn wir nicht mehr Wiesenflächen für Störche bereithalten. Eigentlich sind Störche Kulturfolger: Sie brüten auf Wohnhäusern, auf Scheunen und Kirchen. Der Storch auf dem Haus soll sogar Glück bedeuten. Es heißt, wo ein Storch sein Nest baut, bricht kein Feuer aus. Als der Mensch anfing den Wald zu roden, Wiesen für sein Vieh oder Getreidefelder anzulegen, da folgte ihm der Weißstorch. In der Landschaft von heute jedoch, ohne Wiesen, ohne Feuchtbereiche und Tümpel, kann uns der Weißstorch nicht mehr folgen.

Länge: 1 m.
Gewicht: 2,7 bis 4 kg.
Spannweite: 1,85 m.
Brutdauer: 34 Tage.
Lebensdauer: 15 bis 25 Jahre.

Wenn die Weißstörche von ihrer winterlichen Reise aus Afrika zurückkommen, erleben sie nicht selten böse Überraschungen. Unwetter, Sturm und Schnee haben ihre Nester beschädigt, manchmal sogar von den Dächern gekippt. Also müssen sie in die Wiesen fliegen, Äste und Zweige sammeln und damit ihr Nest flicken. Oftmals sind die Männchen vor den Weibchen zurück. Trifft das Weibchen ein, wird es mit freudigem Klappern begrüßt, und bald darauf machen sich beide an die Arbeit. Die Storchennester werden oft viele Jahrzehnte benutzt. In Esslingen bei Stuttgart soll auf dem Rathaus bis 1907 ein Nest gewesen sein, das über 400 Jahre alt war. Nester, die lange Zeit in Gebrauch sind, werden immer größer. Auch wenn das Nest nur wenig beschädigt ist, schichten die Störche immer ein paar Zweige neu auf. Solch ein Nest kann dann am Ende mehrere Tonnen wiegen. Es kann so hoch sein, daß ein Mensch nicht mal über den Nestrand schauen kann.

Feuchte Wiesen sind die wichtigsten Nahrungsbereiche der Weißstörche. Dort suchen sie Heuschrecken, Käfer, Mäuse und Spitzmäuse, Frösche und Schnecken. Auch Schlangen und Eidechsen sowie Fische gehören zu ihrer Beute.

Wenn Störche durch Pfützen gehen oder am schlammigen Ufersaum eines Flusses oder Baches entlangschreiten, hinterlassen sie ganz bezeichnende Abdrücke. Sie haben ein wenig Ähnlichkeit mit einem Anker.

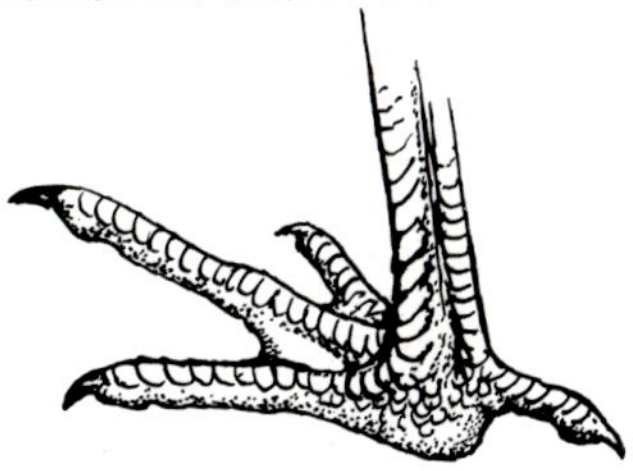

Der geschlossene Storchenschnabel sieht wie eine Schere aus. Erwachsene Störche haben rote Schnäbel und rote Beine, bei den Jungstörchen sind Schnabel und Beine noch dunkel.

Im Flug ist der Weißstorch vom Reiher leicht zu unterscheiden. Weißstörche nämlich fliegen mit weit ausgestrecktem Hals, Graureiher haben ihre Hälse im Flug s-förmig gekrümmt. Störche sind faule Flieger, wenn es irgendwie möglich ist, segeln sie im Aufwind.

# Die Elster

Peter hatte es sehr eilig. Er wollte uns nur schnell Grüß Gott sagen. Als er auf unser Haus zulief, hüpfte plötzlich die Elster Lena vor ihm herum. Und da Peter irgendwo gelesen hatte, daß Elstern glitzernde Gegenstände lieben, hielt er Lena seine Armbanduhr hin. Schwupp hatte Lena die Uhr gepackt und flog damit davon. Da hatte der Peter dann doch verdutzt geschaut.

Zum Glück war alles halb so schlimm, denn Lena war eine zahme Elster. Peters Uhr fand ich auf meinem Schreibtisch wieder. Daß wilde Elstern glitzernde Gegenstände sammeln, habe ich übrigens noch nie gesehen. Lena hatten uns irgendwann einmal Leute vorbeigebracht. Als sie zu uns kam, war sie verletzt. Nachdem sie geheilt war, wollten wir sie im Wald freilassen. Lena wollte die Freiheit nicht. Sie war schon vor uns wieder zu Hause.

Nicht alle Nachbarn lieben Lena. Die Elstern fressen alle Singvögel weg, sagen manche.

Wenn Singvögelbestände abnehmen, das wissen wir sicher, sind nicht Elstern schuld daran, sondern es ist die Veränderung der Lebensräume, etwa das Roden der Hecken, vielleicht auch das Verspritzen von zu viel Gift. Im übrigen sind Elstern nicht darauf spezialisiert, sich nur von jungen Vögeln zu ernähren, sondern sie sind ausgesprochene Allesfresser – wie ja die meisten Rabenvögel. Ein Großteil ihrer Beute besteht aus Insekten. Sie fressen auch Aas, sogar größere Tiere wie Kaninchen und Hasen, auch Vögel, die Opfer des Verkehrs wurden. Sie fressen Körner, Früchte, Mäuse und Abfälle des Menschen.

Elstern sind eifrige Nestbauer. Nicht jedes Nest, das sie bauen, ist auch ein Brutnest. Viele Elsternnester sind richtige Burgen mit einer schützenden Kuppel. Die oftmals dornige Haube ist als Schutz vor Feinden zu verstehen. Natürlich bauen die Elstern die Nester für sich. Aber die übrigen Nester und die alten Nester werden dann von anderen Vogelarten bezogen. Waldohreulen etwa, Turmfalken oder Baumfalken können gar keine eigenen Nester bauen. Sie sind darauf angewiesen, Elstern- oder Krähennester zu besetzen.

Länge: 41–42 cm
Gewicht: 160–250 g
Spannweite: 48–53 cm
Lebenszeit in Gefangenschaft: 20 Jahre

Im Winter scharen sich Elstern in Trupps zusammen. Gemeinsam schlafen sie in einem Feldgehölz. Am Morgen dann brechen sie auf und suchen die Umgebung nach Nahrung ab, nach Beeren, Sämereien, Früchten. Finden sie tote Tiere, einen Hasen oder ein Kaninchen z.B., haben alle genug zu fressen. Trotzdem kommt es zuweilen zu Streitereien.

Etwa im März bauen die Elstern ihr Nest in einem Baum oder einer Hecke. Eifrig tragen sie Zweige heran, aber auch feine Wurzeln und Lehm für die Nestmulde. Elsternnester haben eine Kuppel und einen seitlichen Eingang. Haben die Elstern ihr Nest ausgebraucht, ziehen dort häufig Waldohreulen oder Turmfalken ein.

Die Handschwingen der Elstern haben neben schwarzen Feldern große weiße Bereiche. Die schwarzen Federteile nutzen weniger stark ab als die weißen. Elstern haben kräftige, am Grunde befiederte Schnäbel.
Junge Elstern verlassen das Nest nach ungefähr dreieinhalb Wochen. Zweieinhalb Wochen wurden die 5–8 Eier vom Weibchen gebrütet. Wenn junge

Elstern flügge sind, haben sie noch einen viel kürzeren Schwanz als die ausgewachsenen Vögel. Auch selbständig sind sie noch nicht. Wenn die Jungen ihren roten Rachen aufsperren, kommen die Alten herbei und füttern sie.

# Die Hauskatze

Nein, vieles was die Leute über Katzen sagen, stimmt einfach nicht. Hauskatzen sind keine Einzelgänger, die nur vom Futtertrog zu uns gelockt werden. Unsere Muschi hat sogar mit uns gezeltet. Auch auf dem Zeltplatz ging sie zwar ihrer Wege, doch immer kehrte sie zurück. Und wenn mich die Muschi einen ganzen Kilometer bis zu unserem Milchbauern begleitet, so tut sie das doch, weil sie mich kennt. Falsch seien Katzen, sagen die Leute. Nun, wer das behauptet, hat einfach noch nie Katzen beobachtet.

Daß sie mich anknurrt, kommt durchaus vor. Ihr Wille ist nicht mein Wille. Und wenn ich sie nicht zum Kater lassen will, dann faucht sie und kratzt. Ein Hund täte das nie. Ein Hund ist gehorsam, unterwürfig. Katzen dagegen sind eigenwillige Geschöpfe. Sie können weich und anschmiegsam sein, voller Vertrauen. Dann sind sie wieder spröde, geheimnisvoll.

Andere Haustiere hielt der Mensch, weil sie ihm Fleisch oder Milch lieferten oder weil sie ihm bei der Arbeit halfen. Katzen leben einfach neben uns. Die meisten Katzen werden sicher nicht deswegen gehalten, weil sie Mäuse fangen.

Übrigens, auch wenn Katzen gut gefüttert werden, gehen sie auf Jagd. Unsere Muschi bringt immer wieder Mäuse und Spitzmäuse nach Haus. Gelegentlich erbeutet sie auch einen jungen Vogel, eine Amsel, ein Rotkehlchen. Mich macht das zwar zornig, doch weiß ich auch, daß die Katzen die Vögel nicht ausrotten. Meistens erwischt Muschi ohnehin nur Vögel, die sehr häufig sind.

Unser Hauskatze stammt von den Falbkatzen Ägyptens ab und nicht von der europäischen Wildkatze. Sicher sind bei unseren Hauskatzen auch einheimische Wildkatzen eingekreuzt worden. Sie gehören zur selben Art und können deshalb zusammen Junge bekommen. Europäische Wildkatzen sind sehr selten. Sie leben in Wäldern und sind scheu.

Größe: 50 cm (+ Schwanz: durchschnittlich 20 cm, es gibt eine Katzenrasse ohne Schwanz).
Gewicht: Männchen 4 kg; Weibchen 3 kg.
Ein außergewöhnlicher Rekord: 19 kg.
Zeit der Trächtigkeit: 58 Tage.
Lebensdauer: 15 bis 20 Jahre.

Katzen sind ihr Leben lang verspielt. Noch als Urgroßmütter zerzausen sie das Wollknäuel, oder spielen mit dem Ping-Pong-Ball. Auch das Jagen kann man einer Katze nicht austreiben, mag man sie noch so gut füttern. Mit ihren Augen verfolgt eine Katze alles, was in ihrer Umgebung vor sich geht. Ihre Ohren nehmen das feinste Geräusch war. Minutenlang verharrt sie sprungbereit, um dann mit ausgestülpten Krallen auf die Maus zu springen.

Katzengebisse haben die typischen Reißzähne eines Raubtiers. Schon am Kopf erkennt man, welche Bedeutung der Gehörsinn hat. Der Geruchsinn ist viel weniger ausgeprägt als beim Haushund.

Wer die Schönheit der Katzen auf sich wirken läßt, kann gut verstehen, daß man sie als heilige Tiere verehrt hat. Im Laufe der Zeit wurden verschiedene Rassen herausgezüchtet. Doch besitzt auch die einfache Hauskatze, die sich mit dem Kater paart, der ihr paßt, die Anmut aller Katzen und die Geschmeidigkeit ihrer Bewegungen.

Katzen sind ausgesprochen saubere Tiere, und wenn auch in der Umgangssprache Katzenwäsche als eine sehr oberflächliche Wäsche angesehen wird, ist sie für Katzen trotzdem wirksam. Katzen haben immer ein glattes, wohlriechendes Fell. Schon die jungen Katzen werden täglich gepflegt. Die Katzenmutter putzt und massiert ihre Kinder mit ihrer langen, rauhen Zunge.

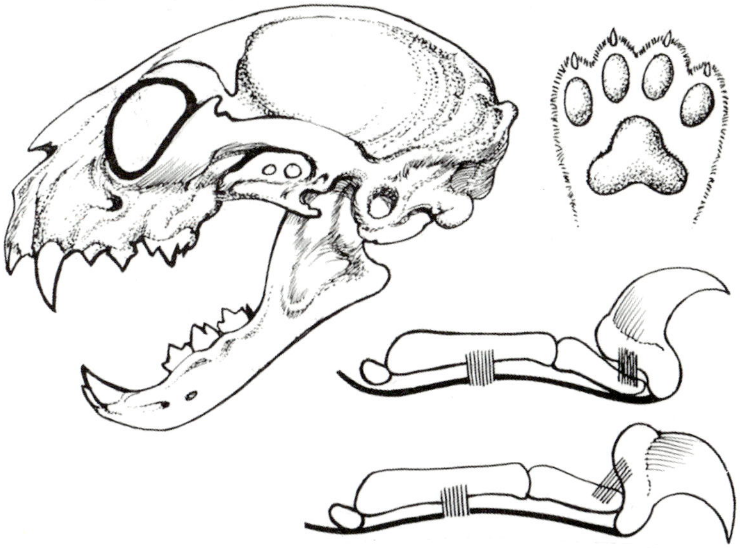

Trotz der Krallen können die Pfoten der Katze samtig wirken. Das liegt daran, daß sie die Krallen einziehen kann (siehe die beiden Abbildungen rechts).

Junge Katzen sind noch verspielter als die Alten. Es bringt Freude, ihren Spielen, ihren Gesten zuzuschauen. Sie spielen mit allem, was ihnen vor die Schnauze kommt; mit dem Wollknäuel in der Stube, dem Schmetterling auf der Wiese. Alles was sich bewegt, erregt ihre Neugier. Sie sind stets zu Spiel und Balgerei aufgelegt.

# Die Hausmaus

Bevor ich die Apfelkiste in den Keller gestellt hatte, waren mir die Hausmäuse gar nicht aufgefallen. Aber schon nach ein oder zwei Tagen fand ich ihre Spuren. Angefressene Äpfel und kleine längliche Kotröllchen. Als ich einmal abends in den Keller ging, sah ich sogar, wie eine Maus auf den Kisten herumturnte. Eigentlich fand ich die Mäuse ganz lustig, und auf die paar Äpfel, dachte ich, könnte ich schon verzichten. Woran ich nicht gedacht hatte, ja, was ich auch nicht wußte, daß Hausmäuse einen sehr unangenehm riechenden Urin abgeben. Dieser Geruch haftet nicht nur in ihren Nestern, sondern auch an anderen Dingen, über die sie laufen. So rochen denn unsere Äpfel schließlich so sehr nach Hausmaus, daß nur die Pferde sie noch fraßen.
Hausmäuse gab es früher nur in einem Gürtel, der sich von Spanien und dem äußersten Nordwestafrika bis in den asiatischen Raum erstreckte. Heute sind sie aber über die ganze Welt verbreitet. Uns wundert es darum nicht, daß Hausmaus nicht gleich Hausmaus ist und daß es durchaus auch solche geben kann, die außerhalb von Häusern wohnen. Unsere Hausmaus jedoch wohnt wirklich in Häusern. Sie legt auch keine Vorratslager an, denn das braucht sie ja nicht, weil der Mensch ihr das ganze Jahr über etwas anzubieten hat. Fortpflanzen können sich Hausmäuse sogar im Winter. Es wird berichtet, man habe zwischen gefrorenem Lagerfleisch bei minus 10 Grad Celsius Mäusenester mit Jungen gefunden. Und nördliche Hausmäuse leben am Eismeer sogar auf Dauerfrostboden.
Wie alle echten Mäuse haben Hausmäuse einen langen Schwanz und große Ohren. Wühlmäuse, die in der Erde Gänge bauen, haben einen kurzen Schwanz und kleine Ohren.
Bevor das Weibchen Junge bekommt, sucht es sich einen trockenen, geschützten Platz. Da baut es aus Stoffetzen, aus Papier ein weiches Nest. Vier, fünf bis acht Junge bekommt die Hausmaus. 18 Tage lang werden die Jungen gesäugt. Mit 28 Tagen werden sie selbständig, und schon mit 45 Tagen sind sie erwachsen. Dann können sie also auch schon Kinder bekommen, – vier- bis achtmal im Jahr. Kein Wunder, daß Hausmäuse so schnell nicht auszurotten sind.

Durchschnittslänge: 10 cm (+ Schwanz, mißt bis zu 10 cm).
Gewicht: zwischen 10 und 35 g.
Trächtigkeit: 3 Wochen.
Mögliche Lebensdauer: 4 Jahre.

Hausmäuse sind meistens bei Nacht munter. Gewöhnlich sind sie dann auch vom Menschen am wenigsten gestört. Sie zwängen sich durch die kleinsten Winkel, klettern selbst Wände hoch, wenn sie nur rauh genug sind und zernagen mit ihren Zähnen alle möglichen Gegenstände. Sobald sie ihre Verstecke verlassen, sind sie wachsam, stets bereit zu fliehen. Beim Klettern sind ihre Schwänze nützlich. Mit ihren feinen Nasen riechen sie den Speck oder Käse schon über weite Entfernungen. Verpackungen sind für Hausmäuse kein Hindernis. Folien oder Säcke werden im Nu mit den scharfen Zähnen aufgetrennt.

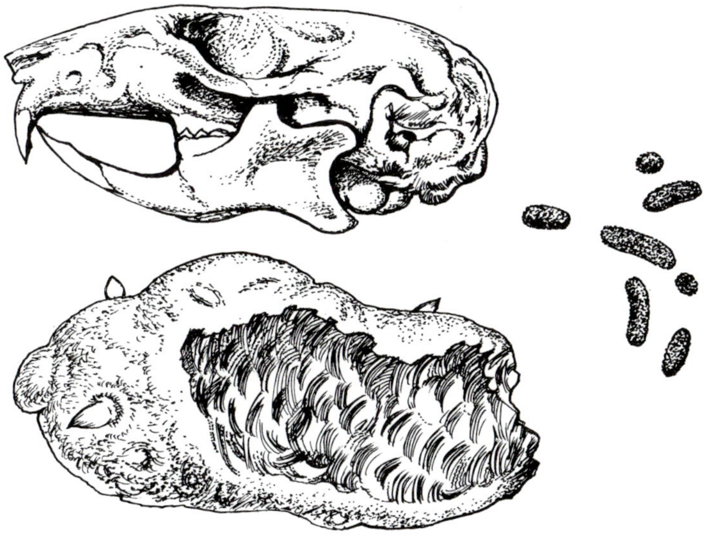

Am Mäusekopf sind die mächtigen Schneidezähne am auffälligsten, ähnlich wie bei der Ratte. Auch ihr fehlen die Eck- und Reißzähne. Die Spuren der Nagezähne sind oft deutlich erkennbar, an einer angefressenen Kartoffel, an einem Apfel, gelegentlich auch an Ästen oder Zweigen. Der Mäusekot hat Ähnlichkeit mit Schokoladenstreuseln. Es sind lange, dunkle Würstchen, etwa einen halben Zentimeter lang!

Von den Schlupfwinkeln der Mäuse führen Wechsel in verschiedene Richtungen. Manche sind nicht breiter als 3 Zentimeter. Mäusenester sind meistens aus zerfieselten Stoffresten und Papier gebaut. Weibchen können 4 bis 8 Würfe mit jeweils 4 bis 8 Jungen jährlich zur Welt bringen.

In einer Mäusegemeinschaft hat nicht jede Maus das gleiche Recht. Ist es nicht klar, wer von zwei Männchen das stärkere ist, verfolgt der eine den anderen bis sich der eine aufrichtet, den Kopf erhebt und damit seine Unterlegenheit andeutet. Dabei werden piepsende Laute geäußert. Darauf gibt der Stärkere die Verfolgung auf. Diese Laute können wir auch manchmal nachts auf Speichern hören.

# Die Sächsische Wespe

Als ich im Mai in den Nistkasten am Apfelbaum schaute, war ich nicht nur erschrocken, sondern auch verärgert. In der Höhle saß brummend eine Wespe auf fünf oder sechs Waben. Für Wespen hatte ich den Nistkasten wahrhaftig nicht aufgehängt. Ich wollte dort Meisen ansiedeln, und sie sollten mir helfen, mit Raupen und Blattläusen aufzuräumen.

Ich nahm mir vor, die Wespe rauszuschmeißen. Gleich wagte ich's nicht, weil ich mich vor den Stichen fürchtete. Zuerst wollte ich mir Handschuhe überziehen und einen Mantel. Schließlich habe ich's dann vergessen. Die Wespenkönigin aber war fleißig, nagte an Bäumen, raspelte am Zaunpfahl die losen Holzfasern ab, schleppte sie in den Meisenkasten und baute daraus neue Papierwaben. In diese Waben legte sie Eier. Im Juli war die Wabe schon kräftig gewachsen, und ich sah auch, wie Dutzende von Arbeiterinnen ein- und ausflogen. Sie flogen hinaus auf Blüten und tranken da süßen Nektar. Besonders gern gingen sie auf meine Wildwiese und ließen sich auf den blühenden Wildmöhren nieder, die ich für den Schwalbenschwanz ausgesät hatte. Da entdeckte ich auch, daß die Wespen richtige Räuber waren. Sie überfielen Mücken und Fliegen. Im Nu hatten sie ihre Beute zerlegt und verschlungen. Als ich mir vorstellte, daß mein Wespenvolk ja noch wachsen würde, da wurde mir bewußt, daß Wespen wohl gerade so wirksame Helfer im Garten sind wie Meisen. Daß sie mal eine Birne anbeißen, um an ihren süßen Saft zu kommen, würde ich ihnen auch verzeihen.

Etwas fiel mir besonders auf: Die Sächsischen Wespen sind friedfertig. Obwohl ich stundenlang vor dem Nistkasten stand, ja sogar gelegentlich hineingeschaut habe, hat mich nicht eine Wespe gestochen. Deshalb habe ich mir vorgenommen, Wespen in Zukunft zu dulden, auch wenn sie im Schuppen ihre Papierwaben bauen sollten.
sollten.

Größe: 11 bis 20 mm.
Lebensdauer: Arbeiterin: 4 bis 5 Monate;
Königin: ca. 1 Jahr; Männchen: einige Wochen.

Die Organisation in einem Wespenstaat ist erstaunlich. Alles ist bis ins einzelne geregelt. Die Arbeiterinnen kümmern sich um die Brut. Sie pflegen und verköstigen die Larven, die in den sechseckigen Zellen aus den Eiern schlüpfen. Die Eier wurden von der Königin gelegt.

Schaut man sich den Kopf einer toten Wespe durch das Vergrößerungsglas an, ist man erstaunt. Auffällig sind zunächst einmal die riesengroßen Augen, die aus vielen kleinen Einzelaugen bestehen. Unten am Kopf fallen die starken Kiefer (Mandibeln) auf, mit denen Wespen ihre Beute zerteilen.
Das zusammengesetzte Bein kann wie eine Bürste benutzt werden. Der Wespenstachel (rechts) ist glatt, hat also keine Widerhaken wie bei der Biene. In der Zeichnung sehen wir am Ende des Hinterleibs die Giftdrüse.

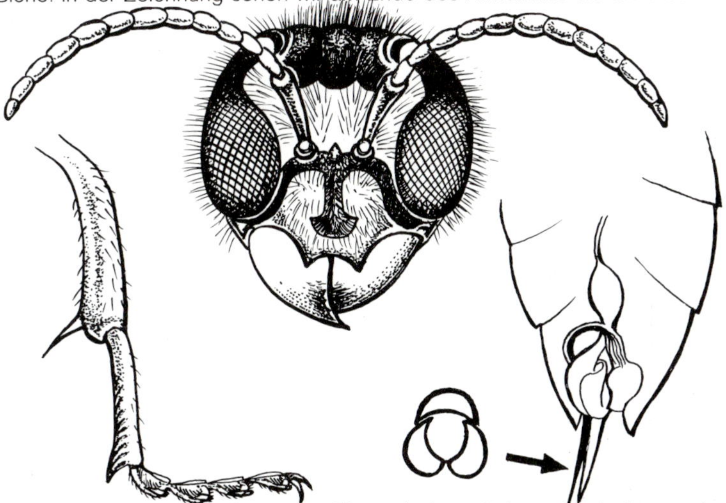

Obwohl Wespen stachelbewehrte Tiere sind, so haben sie doch manche Verfolger. Der Bienenfresser zum Beispiel, der häufig in Österreich und gelegentlich in Süddeutschland vorkommt, hat sich auf Bienen und Wespen spezialisiert. Auch der Wespenbussard scheint sich um die Stiche der Wespen nicht zu kümmern. Mit seinen kräftigen Füßen scharrt er die Waben aus der Erde und verzehrt die Larven.

Die Sächsischen Wespen bauen ihre Nester in Nischen, Schuppen und Baulöchern, aber auch frei an Ästen aufgehängt. Wespenwaben bestehen nicht, wie bei den Bienen, aus Wachs, sondern aus einem Papierbrei. Wespen konnten lange vor dem Menschen Papier herstellen. Sie nagen feine Holzspäne von Bäumen und bereiten daraus die Waben. Der Wespenbau besteht aus mehreren Etagen von Waben.

# Die Türkentaube

Mehr als dreißig Jahre ist es her, da kam mein Freund Peter ganz aufgeregt zu mir. Er hatte eine neue Vogelart entdeckt – eine Türkentaube. Zu Dutzenden sind wir damals in den Park gewandert, um diese für uns so fremde Taube zu bestaunen. Die Türkentauben beweisen uns: Auch heute noch können sich fremde Vogelarten neu ansiedeln.

1547, also vor mehr als vierhundert Jahren, wurde dem französischen König Heinrich II. zur Krönung ein Taubenpaar aus Konstantinopel geschenkt. Diese Tauben wurden zum Anschauen ausgestellt. Seitdem nannte man sie Türkentauben.

Türkentauben bewohnten ursprünglich Steppengebiete. Ich habe sie in der Gegend des Neusiedler Sees kennengelernt. Wenn ich den Ruf der Türkentauben, das gleichförmige Gu-gu-gu, höre, dann habe ich immer noch den Eindruck von Weite. Bei uns jedoch siedeln sie bevorzugt in der Nähe von Dörfern und Städten. Dort gibt es reichlich Nahrung, weniger zwar ihre natürliche Nahrung, nämlich Krautsamen, dafür desto mehr Getreideabfälle. Deshalb auch werden Türkentauben von Hühnerhaltungen wie magnetisch angezogen.

Seit zwei Jahren brüten Türkentauben auch bei mir am Haus. Von meinem Fenster aus konnte ich sehen, wie der Täuber lockte, wie Männchen und Weibchen miteinander tändelten. Sie trugen Reiser herbei und bauten in unserem Hasel ein Nest, nicht sehr fest, nur locker aufgeschichtet, so daß ich die beiden weißen Eier sogar von unten sehen konnte. Über Tag brütete das Männchen, nachts das Weibchen.

Tauben haben eine ganz besondere Weise, ihre Jungen zu füttern, mit Kropfmilch nämlich. Das ist ein käsiger Brei, der von der Schleimhaut ihres Kropfes abgesondert wird. Die Absonderung ist sehr fettreich und ist tatsächlich der Säugermilch ähnlich. Die Jungen bohren mit ihrem Schnabel tief in den Schnabel der Eltern, um zu fressen. Wenn die Jungen etwa zehn Tage alt sind, versiegt der Quell im elterlichen Kropf. Bald werden die Jungen auch mit Sämereien gefüttert.

Länge: 27 cm.
Gewicht: 200 g.
Spannweite: 55 cm.
Brutdauer: 14 Tage.
Lebensdauer: 12 Jahre.

Türkentauben sind ursprünglich in Asien zuhause, in Europa kamen sie nur im Südosten vor, in Bulgarien und Jugoslawien. 1932 brüteten die ersten in Ungarn, 1939 in der Tschechoslowakei, 1943 in Österreich und Italien. 1943 erreichten sie Deutschland, 1952 Frankreich und 1955 Skandinavien.

Bei uns sind Türkentauben Kulturfolger geworden. Vor allem in der Nähe von Siedlungen, wo sie zum Beispiel bei Hühnerhaltungen reichlich Futter finden, können wir sie beobachten; dort brüten sie auch. Ihre besonderen Merkmale sind gut zu erkennen, wenn sie auf einer Leitung oder auf einem Baum sitzen. Insgesamt wirken sie hellbeige. Die Flügel sind etwas dunkler als der Bauch. Die Augen sind tiefrot. Türkentauben fressen allerlei Sämereien, die sie in ihrem Wohnbezirk finden. Feinde haben sie dort fast gar nicht. Nur die Elster nutzt es aus, wenn die Gelege unbedeckt sind. Sogar noch junge Tauben holt sie aus dem Nest.

Die Turteltaube hat viel Ähnlichkeit mit der Türkentaube, doch im Gegensatz zur Türkentaube, wandert die Turteltaube jedes Jahr nach Afrika. Sie hat einen dunkelgefleckten Rücken und an den Halsseiten drei schwärzliche, weißbegrenzte Querstreifen. Bei der Türkentaube haben die erwachsenen Vögel ein schwarzes, nach oben weißbegrenztes Nackenband.

# Die Griechische Landschildkröte

Im Salatbeet fand ich kürzlich ein ganz merkwürdiges Ei. Zuerst war ich nicht einmal sicher, ob es wirklich ein Ei sei. Es hatte eine weiße Schale, aber die war ganz feinporig, weich, sanft wie Marmor.

Schließlich kamen wir darauf. Es war ein Ei von der Schildkröte unseres Nachbarn. Die hatte uns wohl einmal besucht – oder unser Salatbeet.

Griechische Landschildkröten sind fast schon so etwas wie Haustiere geworden. Allerdings sind es selten wirklich Griechische, sondern meistens Maurische Landschildkröten, doch die beiden Arten sind nah miteinander verwandt.

Griechische Landschildkröten leben dort, wo die Sommer heiß sind. Sie leben aber nicht nur in trockenen, steinigen Gebieten und im buschreichen Hügelland, sondern kommen auch auf saftigen Wiesen vor. Dort ernähren sie sich von Blättern, Früchten, von Regenwürmern und Schnecken. Daran sollten wir denken, wenn wir so ein Tier zu Hause pflegen. Salatblätter allein sind keine ausreichende Nahrung, zumal Salat oft mit hochgiftigen Pflanzenschutzmitteln behandelt wird. Selbst wenn das Gift so weit abgebaut wurde, daß es Menschen wahrscheinlich nicht schadet, können Schildkröten daran noch sterben. Wer Landschildkröten hält, sollte öfter Löwenzahnblätter suchen oder ein paar ungespritzte Bohnenblätter aus dem Garten holen. Auch Gemüse fressen die Schildkröten gern. Da Schildkröten keineswegs Vegetarier sind, nehmen sie auch Hunde- und Katzenfutter aus Dosen.

Von Oktober bis April halten freilebende Griechische Landschildkröten Winterruhe. Im Käfig lassen sie die oft ausfallen. In ihrer Heimat sind Landschildkröten in vielen Bereichen bedroht. Sie werden gefangen, um bei uns verkauft zu werden. Sie werden gegessen, von Autos überfahren oder kommen bei Buschbränden um.

Größe: 25 cm.
Gewicht: 1 bis 2 kg.

Schildkröten sind wechselwarme Tiere, Tiere also, deren Körpertemperatur von der Außentemperatur abhängt. Sie sind besonders dann munter, wenn die Sonne vom Himmel brennt. Zum Winter hin suchen sie sich Verstecke und verdösen die kalte Jahreszeit in Kältestarre. Sobald es im Frühjahr wieder wärmer wird, werden ihre Glieder beweglich. Dann kommt es gelegentlich auch zu Auseinandersetzungen zwischen Schildkröten. Die etwas kleineren Männchen suchen nach den Weibchen und paaren sich mit ihnen. Die Weibchen graben Mulden, legen dort hinein die Eier und decken sie zu. Die Sonne brütet die Eier aus, und eines Tages schlüpfen daraus junge Schildkröten. Sie brauchen die Fürsorge ihrer Mutter nicht. Aber nur wenige von ihnen werden zu erwachsenen Schildkröten.

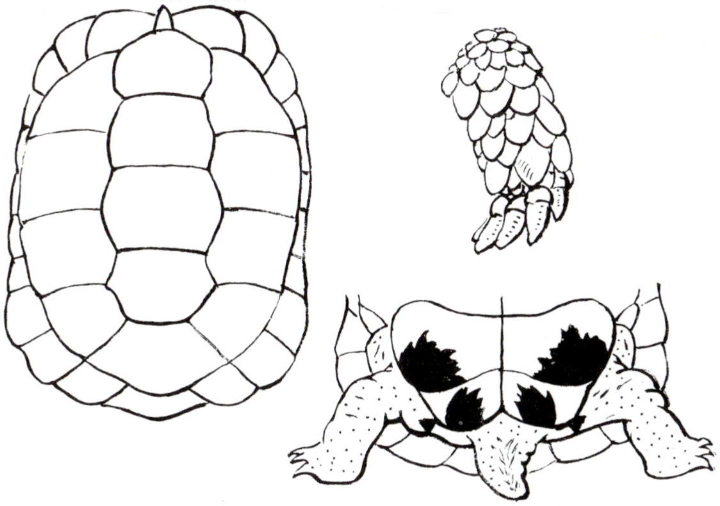

Von oben betrachtet, sieht der Schildkrötenpanzer wie ein Rechteck aus. An der Schwanzseite überragt den Panzer ein einzelnes Schild. Der Panzer besteht aus Knochen, die mit Hornplatten bedeckt sind.

Werden Schildkröten auf den Rücken gelegt, gelingt es ihnen oftmals nicht, wieder auf die Beine zu kommen. Doch erwachsene Schildkröten haben unter den Tieren nicht allzuviele Feinde. Der Mensch hat sie in großer Zahl gesammelt, um sie zu essen, um sie als Haustier zu halten. Viele Landschildkröten kommen durch Autoverkehr oder Buschbrände ums Leben.

Junge Schildkröten wissen vom ersten Tag an, was sie zu fressen haben. Zu Beginn ist ihr Panzer noch weich und wird erst im Laufe der Zeit hart und widerstandsfähig.

Zähne haben Schildkröten nicht. Sie besitzen aber harte Hornkiefer, mit denen sie Nahrungsteile abschneiden können. Griechische Landschildkröten sind zwar überwiegend Vegetarier, doch fressen sie auch Insekten, Würmer und Schnecken.

# Die Erdkröte

Seit ein paar Jahren schon grabe ich in meinem Garten Blumentöpfe ein, ganz flach nur. Da sollen sich Erdkröten verstecken. Ich bin froh, wenn sie meine Beete als Sommeraufenthalt wählen. Das bißchen Mühe für die Unterkunft vergelten sie mir vielfach. Die Erdkröten verputzen nämlich im Laufe des Sommers eine große Menge Schnecken.

Erdkröten leiden unter dem Menschen, nicht nur unter seinen Giften, auch nicht nur, weil Menschen Tümpel zuschütten oder das Wasser vergiften. Noch schlimmer sind die Autos. Sobald nämlich im Frühjahr die Temperatur rund 5 Grad beträgt, werden die Kröten unruhig. Fängt es dann noch an zu regnen, machen sie sich zu Hunderten oder gar zu Tausenden auf zu ihren Laichgewässern, zu kleinen Tümpeln meistens außerhalb des Waldes, flach und gut durchsonnt.

Seit Jahrzehnten, manchmal seit Jahrhunderten, gehen fast alle Erdkröten immer wieder zu den Tümpeln, in denen sie auch geboren wurden. Heute müssen sie auf dieser Wanderung oftmals Autostraßen überqueren, und das wird ihnen zum Verhängnis. Die vielen Autos haben schon ganze Krötenbevölkerungen ausgerottet. Die Menschen versuchen, den Kröten zu helfen. Sie haben Zäune entlang der Straßen aufgebaut und alle paar Meter einen Eimer eingegraben. Die Kröten stoßen an den Zaun, wandern an ihm entlang und fallen in die Eimer. Von dort tragen Helfer die Kröten über die gefährliche Straße.

Oft klammern sich die Krötenmännchen bei der Wanderung schon um die Weibchen und lassen sich ein oder zwei Kilometer zu den Laichtümpeln tragen. Im Tümpel ruhen sich die Kröten zunächst eine Weile aus. Während dieser Zeit reifen die Eier im Körper des Weibchens. Danach beginnt das Weibchen mit dem Legen, schlingt seine Laichschnüre um Wurzeln im Uferbereich und um Wasserpflanzen. Während dieser Zeit sitzt das Männchen immer auf dem Weibchen. Nur wenn es die Eier besamt, können daraus die kleinen Kaulquappen schlüpfen. Die Kaulquappen sehen zuerst sehr fischähnlich aus. Sie fressen Algen und Wasserpflanzen. Nach zwei bis drei Monaten ist ihr Schwanz zurückgebildet, sie haben vier Beine und gehen an Land. Zu Tausenden hoppeln sie dann im Uferbereich herum. Ehe aus ihnen große Kröten werden, vergehen Jahre.

Durchschnittsgröße: 10 cm. Weibchen 13 bis 18 cm.
Lebensdauer: angeblich bis zu 30 Jahre im Terrarium.

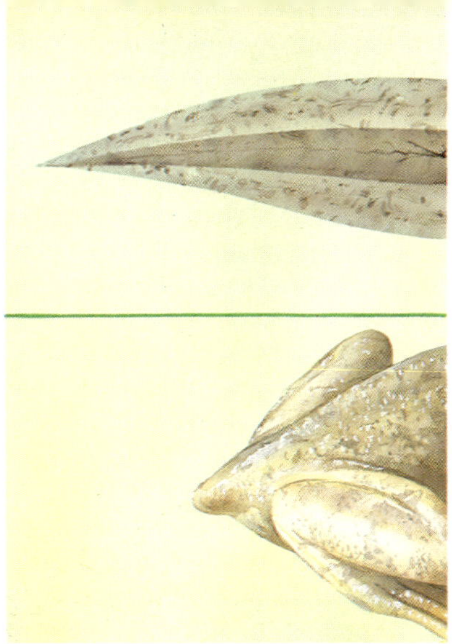

Wenn Männchen und Weibchen ihren Laichteich erreicht haben, dauert es eine Weile bis sie mit Eierlegen beginnen. Ist das Weibchen schließlich laichbereit, wickelt es Eischnüre um Wurzeln und um Wasserpflanzen. Die Eier werden nicht alle auf einmal gelegt, sondern in Schüben, jeweils ungefähr 200. Im ganzen kann ein Erdkrötenweibchen 2000 bis 7000 Eier legen, wahrhaftig eine große Zahl. Nach ungefähr 2 Wochen schlüpfen die jungen Kaulquappen. Die erwachsenen Kröten aber verlassen das Wasser und werden wieder zu Landtieren.

Die jungen Erdkröten sind zunächst wie kleine Fische; sie haben einen Schwanz, äußere Kiemen aber keine Arme und Beine. Die wachsen ihnen erst später. Sie ernähren sich vor allem von Wasserpflanzen. Nach ungefähr 3 Monaten sehen sie dann wie richtige Kröten aus, ohne Schwanz und mit Beinen, nur natürlich viel viel kleiner. Dann gehen sie an Land.

Manchmal kann man in der Nähe von Krötenteichen Skelette finden. Deutlich sieht man die ziemlich langen Beinknochen, wenngleich Kröten viel schlechtere Springer sind als etwa Frösche. Erstaunlich lang sind die Hinterzehen. Die Finger an den Vorderbeinen sind viel kürzer, der Daumen ist stark zurückgebildet. Mit den Fingern können die Kröten Beute, zum Beispiel einen Regenwurm, festhalten.

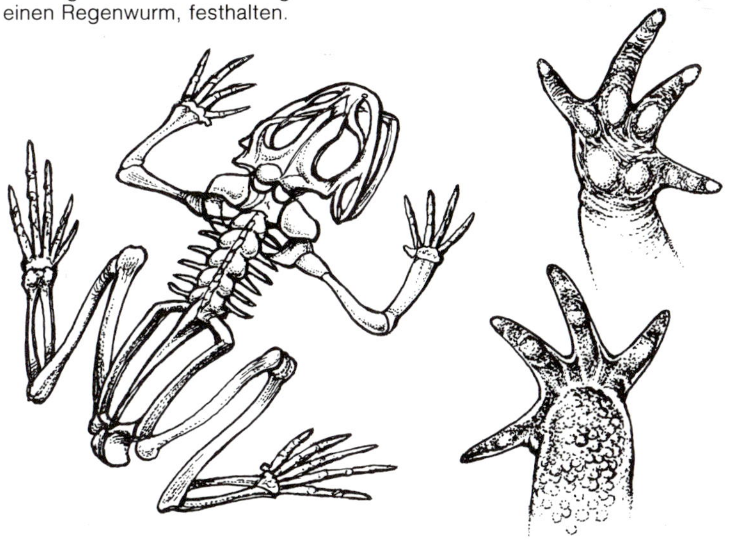

Im Winter, bei Frost und Schnee, finden Erdkröten auf der Erdoberfläche keine Nahrung. Da sie keinen wärmenden Pelz haben, würden sie bald erfrieren. Deshalb suchen sie zum Herbst hin Winterverstecke auf, irgendwo in Erdhöhlen, gelegentlich auch in Kellern. Dort dösen sie, bis die Frühlingssonne sie wieder weckt.

Lange Zeit wurden Kröten nur als ekelhafte Tiere angesehen, ihre warzige Haut wirkte unappetitlich. Inzwischen aber haben viele Menschen erfahren, wie nützlich Erdkröten als Helfer im Garten sein können. Billiger und besser als Schneckenkorn, vernichten Kröten Schnecken am Salat. Insekten fangen sie mit der vorschnellbaren Zunge.

# Die Hausgrille

Einmal im Herbst, als draußen auf den Wiesen die Grillenkonzerte schon lange verstummt waren, hörte ich abends, am Schreibtisch, das etwas traurige Zirpen einer Grille. Da, wo das Heizungsrohr aus dem Boden kam, hatte sie ihren Unterschlupf. Einige Male konnte ich sie sehen, ihre langen Fühler, den dicken runden Leib, die Sprungbeine. Doch jedes Mal, wenn ich nahe kam, sie gar fangen wollte, hat sie sich blitzschnell verkrochen.

Wahrscheinlich war das Heimchen, wie die Hausgrillen ja früher genannt werden, irgendwo aus einem Terrarium entwischt. Den warmen Sommer hatte es ihm draußen wohl gefallen. Ja, und als es kühler wurde, hatte es bei mir Unterschlupf gefunden. Draußen, bei Frost und Schnee, würde es kaum überleben. Frei leben die Hausgrillen nur in Südeuropa und Nordafrika. Früher gab es sie bei uns in fast jedem Haus. Sie ernährten sich von allerlei Abfällen und Vorräten, von feuchtem Getreide, von Brot und Stärke. In den Küchen alter Häuser, wo es die Feuerherde gab, tummelten sich Grillen zu Tausenden. Abends konnte man sie beobachten, große und kleine, manche noch nicht einmal so groß wie eine Stubenfliege. Aus allen Winkeln zirpte es. Überall aus Mauerritzen schauten die dicken Köpfe mit den langen Fühlern. So jedenfalls beschrieb es der alte Brehm in seinem „Tierleben".

Am liebsten haben sie Räume, die rund 30 Grad warm sind, alte Backstuben zum Beispiel, Küchen und Brauereien. Dort finden sie Nahrung in Hülle und Fülle. Auch in Heizungskellern gefällt es ihnen. Sogar Müllplätze gibt es, auf denen sich Hausgrillen angesiedelt haben. Da ist es so warm, daß sie es selbst im Winter aushalten.

Das laute Zirpen stammt nur von den Männchen. Es entsteht, wenn sie die Flügel gegeneinander reiben. Ihre Ohren liegen übrigens nicht am Kopf, sondern an den Beinen.

Größe: 16 bis 20 mm;
+ 15 mm beim Weibchen für Legeröhre.
Lebensdauer: ungefähr 1 Jahr.

Viele Menschen lieben das melodische Zirpen der männlichen Grillen. Der Rhythmus ändert sich, je nachdem, ob der Partner näher oder entfernter ist. Die Weibchen jedenfalls werden von den Gesängen der Männchen angelockt. Aber die „Ohren“, mit denen das Weibchen die männlichen Gesänge hört, sitzen nicht am Kopf, sondern an den Beinen. Nach der Paarung legen die Weibchen Eier, jedes Weibchen zwei- bis dreihundert, in feuchte Erde, in Müll oder Kehricht.

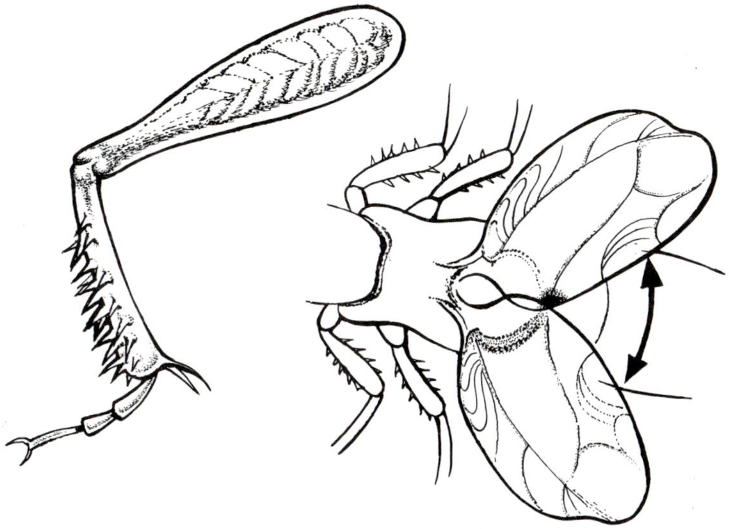

Die Hinterbeine der Grillen sind mit spitzen Dornen besetzt. Diese Dornen sind nicht zur Lauterzeugung da; die Schallapparate befinden sich auf den Flügeln.

Der Körper der erwachsenen Hausgrille ist langgestreckt, wirkt aber dicklich. In Terrarien sind Hausgrillen leicht zu züchten.

Ungefähr 12 Tage dauert es, – vorausgesetzt es ist warm genug – bis aus den Grilleneiern die Larven schlüpfen. Aber noch sehen die Larven keineswegs wie erwachsene Grillen aus. Viermal müssen sie sich häuten, ehe sie erwachsen sind und geschlechtsreif werden können. Nach der dritten Häutung erscheinen die langen Fühler. Die Weibchen haben dann eine Legeröhre, mit der sie ihre Eier in die Erde gleiten lassen können.

# Der Johanniskäfer

Wenn es im Juni geregnet hat, wenn es warm ist und die schwüle Feuchtigkeit zu spüren ist, dann ist Glühwürmchenwetter. Dann entdecke ich in meinem Garten schwebende Lichtpunkte zwischen den Büschen, am Waldrand und entlang des Baches. Einmal habe ich solch einen schwebenden Stern ganz vorsichtig mit der Hand erhascht. Er glomm weiter. Im Schein der Taschenlampe erkannte ich deutlich die Käfergestalt.

All die schwebenden Käfer sind Männchen. Ungefähr einen Zentimeter lang sind sie und haben graue Flügeldecken. Die Leuchtorgane sind auf der Unterseite des Hinterleibes zu sehen. Die Weibchen können nicht fliegen. Manchmal habe ich sie dutzendweise am Boden zwischen dem Laub funkeln sehen. In warmen Nächten steigen sie auf bestimmte Leuchtplätze in Büschen, auf Grashalme oder Kräuter. Auch sie haben ihre Leuchtorgane an der Unterseite des Hinterleibs. Sie krümmen ihren Unterleib so, daß die Leuchtpunkte von oben gut gesehen werden. Die Männchen starten in der Dunkelheit zu ihren Suchflügen. Niedrig schweben sie umher. Sobald sie das Leuchtsignal eines Weibchens wahrgenommen haben, fliegen sie dorthin, klappen die Flügel ein und erreichen zielsicher das Weibchen. Die Weibchen sehen tatsächlich wurmähnlich aus. Die Bezeichnung Glühwürmchen liegt also nahe. Zwei Lappen am Rücken sind die Reste der Flügel.

Bei uns gibt es neben dem Glühwürmchen noch einen anderen Leuchtkäfer, den Großen Leuchtkäfer.

Wie bringen es die Käfer nun fertig zu leuchten? In den Leuchtorganen der Käfer entstehen zwei Wirkstoffe. Tritt dann noch Sauerstoff hinzu, beginnt das Leuchten. Das Glühwürmchenlicht ist kalt, wenn es leuchtet entsteht kein Wärmeverlust. 98 Prozent beträgt die Lichtausbeute. Das schafft die Technik nicht. Die Lichtausbeute bei einer Glühlampe beträgt viel weniger.

Obwohl wir das Licht der Leuchtkäfer gut sehen, ist es doch nicht sehr hell. Erst 6000 Weibchen des Großen Leuchtkäfers sind so hell wie eine Kerze.

Größe: 15 bis 20 mm.
Lebensdauer: Larvenzustand 10 Monate.

Die weiblichen Leuchtkäfer kriechen an Büschen empor, krümmen ihren Hinterleib nach oben und geben Lichtsignale ab. Nähert sich ein Männchen, dann wird das Licht besonders hell.

Auch die fliegenden Männchen geben Lichtsignale, um erkannt zu werden. Männchen und Weibchen unterhalten sich mit Lichtsignalen. Das Männchen gibt dem Weibchen zu verstehen, ich habe dich gesehen. Die Männchen landen unmittelbar neben den Weibchen und paaren sich mit ihnen.

Gleich nach der Begattung beginnt das Leuchtkäferweibchen seine Eier zu legen. Schon nach wenigen Tagen schlüpfen die Larven.

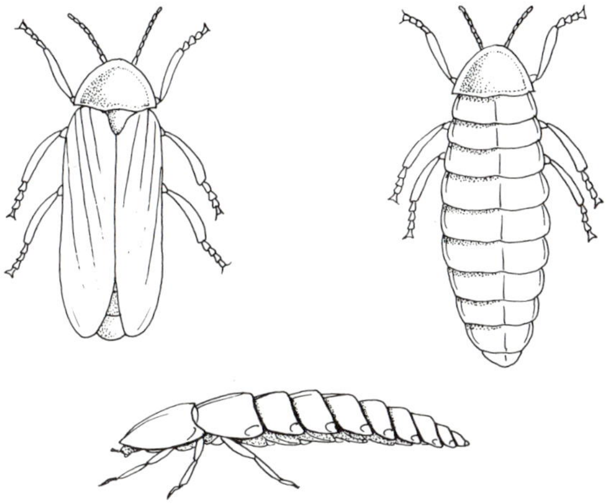

Die männlichen Leuchtkäfer haben große Flügel. Bei den Weibchen sind die Flügel zurückgebildet, so daß man den gegliederten Körper gut erkennen kann. Dreht man die Leuchtkäfer auf den Rücken, kann man auf der Hinterseite die Leuchtorgane erkennen. Die Larven haben Ähnlichkeit mit einem Weibchen.

Die Larven der Leuchtkäfer trifft man oft in Gruppen, trotzdem sind sie nicht gesellig. Sie jagen ihre Beutetiere, Fliegen zum Beispiel, oder Läuse, jeder für sich.

Die Larven der Glühwürmchen sind sehr gefräßig. Sie scheuen selbst vor Beute, die ein Vielfaches größer ist als sie, nicht zurück. So zum Beispiel greifen sie auch Schnecken an. Der Speichel der Glühwürmchenlarven löst die Schnecke zu einer kräftigen Fleischbrühe auf.

# Unser Garten – Lebensraum für viele Tiere

Äcker ohne Baum und Strauch mögen Amseln so wenig wie Igel. Weil auch heute noch Hecken zerstört und Bäume gefällt werden, haben Elster und Singdrossel, Erdkröte oder Glühwürmchen keine Heimat mehr.

Gerade deshalb sollten wir versuchen, unsere Gärten für Vögel und andere Tiere einladend zu machen. Aber ein Garten mit kurzgeschorenem Rasen, nur mit Plattenwegen und Beeten, von denen alles Laub weggerecht wurde, wo es keine kuscheligen Ecken gibt, in denen sich die Tiere verstecken können, ist kein geeigneter Lebensraum. Da kann jeder Nachbar genau sehen, was der andere tut. Und wo sollte ein Vogel sein Nest bauen oder der Igel seine Nahrung suchen? Viele Gartentiere lieben kuschelige Ecken. Die Vögel mögen die Samenstände der Unkräuter, der Igel Sträucher und Hecken, der Gartenschläfer Bäume. Wer Vögel zum Brüten einladen will, muß ihnen Nistplätze schaffen. Wer Vögel beobachten möchte, muß ihnen Futterpflanzen anbieten, Sträucher, die auch Beeren tragen. Dann kommen nicht nur die Vögel, sondern auch viele andere Tiere in den Garten. Solch ein Garten kann zu einem richtigen Paradies werden. Es gehört garnicht viel dazu unseren Garten wild und lebendig zu machen. Im Garten sieht man nicht zu allen Zeiten die gleichen Tiere. Der Igel schläft im Winter und ebenso der Siebenschläfer. Auch den meisten Insekten ist es zu kalt. Manche Gartenvögel sind weggezogen; dafür kommen andere, Saatkrähnen, zum Beispiel. Turteltauben und Elstern hingegen können wir das ganze Jahr über beobachten.

Zum Kennenlernen ist der Winter eine gute Zeit. Nicht nur, daß die Bäume kahl sind und vor allem die Vögel besser beobachtet werden können, auch darum, weil es beim Kennenlernen ist, mit einer überschaubaren Anzahl anzufangen.

Impreso en los talleres de FHER, S. A.- Bilbao (España)

PRINTED IN SPAIN